JN160924

ルドルフ・シュタイナー著

ゲーテ的世界観の認識論要綱

特にシラーに関連させて
同時にキュルシュナー「ドイツ国民文学」中の
『ゲーテ自然科学論集』別巻として

森 章吾訳・解説

イザラ書房

目次

B　経験

C　思考

新版の序

■ 執筆当時の関心：ゲーテと認識の本質

新-01 私はこのゲーテ的世界観の認識論を 1880 年代半ばに書きおろした。当時、私の魂内では思考が二つの方向で活動していた。一方はゲーテの創作的仕事に向けられ、そこで原動力として働いていた世界観、人生観がどのようなものであるかを明らかにしようとしていた。ゲーテが、創作しつつ、観察しつつ、そして生きつつ、世に出したあらゆるものの中に、何かまったく純粋で全人的なものが息づいているように思えた。内的な確実さ、調和した完結性、世界に対する際の現実感覚といったものを、近代においてゲーテほどはっきりと示している例はないように思えた。このように考えていたので、ゲーテはあらゆることを人間の本性や自然の本性に由来するやり方で認識していたという事実も当然に思えた。……もう一方で私は、その当時盛んに議論されていた《認識の本質》をめぐる哲学的諸見解について思索していた。当時の思想にあっては、認識が人間内に閉塞してしまう危険があった。聡明な哲学者オットー・リープマンはこう述べている。

> 人間の意識は意識それ自体を越えることはできない。意識は意識の内に留まるべきである。意識の内に構築された世界の外側に、真の現実が存在するにしても、意識はそれに

ついて知ることはできない。

オットー・リープマンはこの考えを、輝かしい著作の中で広範な人間の経験領域に適用している。また、ヨハネス・フォルケルトは『カントの認識論』、『経験と思考』といった思慮深い著作を出した。彼によれば、世界はそれ自体未知であり、人間がその未知なる世界と向かい合っても、そこで見られるのは世界と人間を関連づける関連表象だけであるとしていた。ただ彼も、表象世界について思考するとき、思考体験の中にはある種の必然性があることは認めていた。また、思考が働くときに、言わば表象世界を突き抜けて現実世界へと至る一種の突き抜けを人は感じるとしていた。しかし、だからといって何が得られるのでもない。人は思考の中で、現実世界に対する何らかの判断を下せるのではないかと感じることもあるにしろ、そうした判断においてすら、人は完全に自分の内側にいるのであって、世界の本質が人間に迫ってくることはないのである。

■ 《認識の限界》に対する **R.** シュタイナーの態度

新-**02** エドゥアルト・フォン・ハルトマンの哲学は私にとって貴重であったが、その基礎や研究成果は受け入れることはできなかった。ハルトマンは、認識論的には完全に上述の立場をとっていた。また、フォルケルトはその立場から周到に論を展開した。

新-**03** 意識にはある種の限界があり、それを越えて真の現実領域に突き進むことは不可能であるというのが当時の通念であった。

新-**04** ところが、私が内的に体験し、体験の中で認識した事実は、上述の通念とは相容れなかった。その事実とは、思考を十分に深めるなら、その思考において人間は世界現実の内に精神的存在として生きるというものである。当時はまだ学問的な根拠を持っていたわけではないが、意識の中では、私はこれを数学的認識と同じくらい明確に体験していた。

新-05 前述の思想の見解では不可避であったそうした認識の限界など、私の認識ではありえなかった。

■ 精神界との関係で見た進化論

新-06 さらに私は、当時注目を集めた進化論にも傾倒していった。ヘッケルはその進化論をまとめたが、その論では精神的なものの自立的存在や自律的活動がまったく考えに入れられていなかった。後続のもの、より完成したものが、より以前のもの、より未熟なものから、時間の流れに伴って現われてきたというのがヘッケルの見解であった。この考えは、外的な感覚的現実に関して言えば私にも納得できた。しかし私は、外的な感覚的現象世界だけに正当性を与えるには、あまりに精神性というもの、つまり、感覚的なものには依存せず、それ自体で成り立ち、自立的である精神性というものを知り過ぎていた。したがって、感覚世界と精神世界との間に橋を架ける必要があると感じた。確かに、感覚界から類推される時の流れでは、人間の精神は、それに先行する非精神的なものから発達してきたように思えてしまう。

新-07 しかし、感覚的なものを正しく認識すると、それが精神の顕現であることがわかる。感覚界に対するこうした正しい認識からすると、《認識の限界》を当然のように信奉する当時の人びとの感覚界に対する姿勢は、活字の形には着目するものの、それを読むことなど思いもよらないので、「これらの形の背後にあるものは不可知である」と言っているように思えた。

新-08 こうして私の視線は感覚世界から、私にとっては内的認識的体験として疑いようもない精神世界へと移っていった。原子という非精神的なものを感覚界の背後に求めるのではなく、感覚界の背後にある精神的なものを探求した。精神的なものとは、一見、人間の内面に現われるが、じつは、感覚知覚された対象物や現象そのものに属する。物の中では、その物についての考え、つまり設計思想[1]とも言うべきものが実際に活動し、その物たらしめている。しかし、人間の認識のあり方の関係で、物についての考えが、人間の側にあるように錯覚される。物に内包されている考えが、見せかけの体験においては、物から切り離されてしまうのはやむを得ないかもしれない。けれども真の認識体験においては、物が内包する考えは、再び物へと戻っていく。

新-09 すると、世界の進化は次のように理解できる。後にそこから人間の精神性が発展してくる非精神的なものが先行していて、その周囲を精神的なものが取り巻いている。後になって、人間の器となる、完全に精神が浸透した知覚可能なものが、次のような成り行きで出現する。人間の精神的先祖は、まず不完

---

1 訳注：原則として「思考」は Denken、「考え」は Gedanken の訳語である。前者は思考活動としての意味合いが強く、後者は完了形の名詞化であり、考え出された結果のニュアンスが強いと考えていただけるとよい。しかし、「考え」は人間の思考成果だけを意味するのではない。事物が創造される際にそこに込められた宇宙的思考の産物の意味もある。それゆえここでは「設計思想」という語を補った。

全な非精神的形姿と一体になり、それを変形する。こうして、精神を担うものが目に見える形姿として現われたのである。

■ 核になった内的確信ならびにゲーテとの関係

新-10 当時の認識論研究者が、明晰な思考と確たる学問的責任感を持つことに私は何の疑いも持たなかった。しかし、上述の考えを持つ私は、彼らの認識論を越えざるをえなかった。そしてゲーテへと導かれた。

新-11 ここで、当時の私の内的な格闘を思い起こしてみよう。私は当時の諸哲学の思考過程を越えたが、それは容易ではなかった。しかしいかなるときも、ある事実を完全に自分自身から認めていたことが導きの星となった。つまり、身体とは無関係な精神的存在としての自分が、純粋な精神世界に立つ姿を人間は内的に見ることができるという事実である。

新-12 ゲーテ自然科学論集についての研究報告やこの認識論を書く前に、結局印刷はされなかったが、私は原子論についての小論文を書いた[2]。この論文の方向も上述のものと同じであった。私はそれをフリードリッヒ・テオドール・フィッシャーに送った。その返事の中にフィッシャーの賛同の言葉を見つけ、心から喜んだのを覚えている。

新-13 ゲーテ研究を続けるうちに、世界に向かうゲーテの立ち位置や彼の創作など、彼のあらゆる活動に現われている認識の本質についての観方が、私の考えに近いことがはっきりしていった。私の観点から必然的に生まれてくる認識論が、ゲーテの世

2 *Einzige mögliche Kritik der atomistischen Begriffe*, 1882,『原子論概念に対する可能な唯一の批判』

界観そのものであることがわかったのである。

新-14 私の師であり、父親的友人であり、多くの恩恵を与えてくださったカール・ユリウス・シュレーアーは、1880年代に、私をキュルシュナー《ドイツ国民文学》版ゲーテ自然科学論集の解説執筆、そして編集担当として推薦してくださった。この仕事の過程で、ゲーテが取り組んだあらゆる領域で、ゲーテの認識の営みをたどった。そこでの個々の事例において、私自身の世界観がゲーテ的世界観の認識論と合致することがいっそう明確になっていった。そうして私は、上述の仕事と並行してこの認識論を書いた。

■ 霊学にも通じる生涯一貫した認識論

新-15 今日この認識論を再び手にすると、これが、それ以後私が語り、出版したあらゆる内容に正当性を与え、認識論的基盤を与えていることがわかる。認識の本質とは、感覚的世界から精神的世界への道を切り開くことにあるが、この認識論ではその本質が語られている。

新-16 ほぼ40年前の若い時期の著作を、まったく改訂せず、新しい注を加えただけで再版するのは奇異に見えるかもしれない。この著作の叙述の仕方には、40年前の哲学に入り込み、その中に生きた思考の特徴が現われている。今日私がこれを書くとしたら、多くが違った表現になるだろう。しかし、認識の本質については、異なる内容は何も書けない。もし今日書いたとしても、当時の精神性に即した世界観の萌芽を忠実に表現することはないだろう。このような萌芽的な書き方は、認識的営みを始めた初期にだけ可能である。それゆえ、この若き日の著作を改訂せずに再版することも許されるだろう。本書の執筆時期に存在した他の認識論もまた、後の認識論に受け継がれていった。それらについて私が述べるべきことは、『哲学の謎』[3]に書いた。これも同じ出版社から、新版となって本書と同時に出版される。…… ゲーテ的世界観の認識論と題された本書の内容は、40 年前には述べられる必要があった。そして今日それは、同じようにくり返し述べられる必要があるように思われる。

ドルナッハのゲーテアヌムにて　　1923 年 11 月

ルドルフ・シュタイナー

---

3 *Die Rätsel der Philosophie*, 1914,『哲学の謎』山田 明紀訳、水声社刊

初版の序

■ カント哲学と対決する覚悟

初-01　キュルシュナー教授からドイツ国民文学叢書の一環としてゲーテの自然科学論集を編集する栄誉を委託されたとき、私にはこの仕事がどれほど困難であるかがわかっていた。ほぼ全般的に定着している見解と衝突せざるをえないからである。

■ 無視されているゲーテの核心

初-02　ゲーテの詩作（文学）が私たちの全教養の基礎であるという確信がますます広まっていく中で、ゲーテの学問的努力を最大限に認める人たちでさえ、ゲーテの学問的成果は予感以上のものではなく、後の学問の発展によってその予感が真理として証明されたとしか見ていない。ゲーテは天才的眼力によって自然法則を予感し、後になって彼とは無関係に厳格な学問がそれを再発見したという。自然科学以外の分野では、すべての教養人はゲーテと取り組む必要があるというのはほぼ常識であるのに対し、ゲーテの自然科学的見解は黙殺されている。詩人の学問的業績を研究しても、今日の学問にとって新しい何か、ゲーテしか与えられない何かが得られるとは誰も思わない。

初-03　敬愛する恩師、K.J. シュレーアー氏が私にゲーテの世界観を紹介してくださったとき、すでに私の考えは、ゲーテの個々の発見を越え、最も重要な核心に向かおうとしていた。それは、総体としての彼の自然観に、個々の事実を組み入れるそのやり方であり、自然存在の関連を洞察するために、あるいは彼自身の的確な表現を借りるなら「自然の生産に精神的に参与するために」（論文『観照的判断力』[1]より）、彼が個々の事実をどのように利用したかであった。今日の学問がゲーテの功績としているものもあるが、それは本質的ではなく、むしろ意義深いものが見逃されていることに私はすぐに気づいた。実際、個々の事柄はゲーテが発見しなくても、いずれ見つかったであろう。しかし彼の偉大なる自然観は、学問が直接彼から汲み上げないかぎり決して得られないだろう。以上で、私の編集による全集の序[2]で述べたことの方向が決まった。ゲーテの語った一つひとつの見解を、彼の天賦の才（ジーニアス）[3]という総体から導きうることを、この導入書では示す。

初-04 この小冊子では、それを実際に行なうための諸原則を述べる。したがってここではゲーテの学問的観方を提示するだけでなく、その観方そのものの確固たる根拠も示していく。

初-05 以上でこの小著に先だって述べるべきことは言い尽くした

---

1 ゲーテ自然科学論集第 1 巻、115 ページ参照（キュルシュナー・ドイツ国民文学叢書）

2 ゲーテの世界観の全体像と私の観点のつながりについては、シュレーアーがゲーテの自然科学論集への序文で論じている。（キュルシュナー・ドイツ国民文学叢書、第 1 巻、1〜14 ページ）（また同じくシュレーアー版のファウスト参照のこと、第 2 巻、第 2 版、7 ページ）

3 訳注：Genius は通常は「天才」と訳され、日本語では特別な才能を持つ人物を意味する。しかし、本来は人間外の叡智を意味し、それが特定の人物や地域に宿るかたちで姿を現わす。

はずである。後は好ましい義務を果たすだけだろう。つまり、いつでも大変好意的に私の学問研究と向き合ってくださり、またこの小冊子にも最大限の好意と激励を送ってくださったキュルシュナー教授に心からの謝意を表わすことだけである。

1886年4月下旬

ルドルフ・シュタイナー

A 予備的な考察

第1章
出発点

■ ゲーテ等が源流

01-01 現代の主な思想のどれかをその源流まで遡ると、必ずドイツ古典期の偉大な人物たちにたどり着く。ゲーテ、シラー、ヘルダー、そしてレッシングが衝動の源となり、そこからいくつもの精神的な流れが生じ、今日まで続いている。誰かが自説を、完全にオリジナルと自惚れて発表したところで、ゲーテやシラーがとっくに暗示していたことから一歩も出ていないというくらいに、あらゆるドイツ文化は古典期の思想家を基礎としている。私たちが世界や人生をどのように観るかは彼らによって完全に決められているので、その筋道から外れた事柄は私たちには理解できないだろう。私たちの世界観や人生観の方向は、まさに彼らによって決められているために、彼らとの接点を持たないものには関心が向かない。

01-02 しかし、私たちの精神文化の一つの分野だけは、この潮流との接点を持たないと言わざるをえない。それは、単に個々の経験を記述し、観察を集成するだけに留まらず、満足のいく総合的な世界観や人生観を与えるはずの学問分野である。それは、通常、哲学と呼ばれる。その哲学にとっては、私たちの古典期はほとんど存在しないかのようである。哲学は他のあらゆる精神的営みから自らを切り離し、蛸壺の中で自己満足に浸っている。近現代の多数の哲学者や自然科学者がゲーテやシラーに目を向けてはいるが、だからといってこの見解は覆らない。精神的英雄たち（古典作家）の学問的業績は、多方面への発展の萌芽を秘めている。しかし近現代の学者たちは、その萌芽を発展させることで自らの学問的基盤を作ったのではないからである。ゲーテやシラーの世界観以外から自らの学問的立脚点を得て、後にそれをゲーテ、シラーの世界観と比較しているにすぎない。彼らは、古典期の諸見解を基に自分たちの学問的方向を決めるというまさにその意図からではなく、古典期の精神の前でも自説が成り立ちうることを示すべく、参照するのである。この点については後に詳しく検討するが、まずは、近代文化の最高の発展段階（古典作家）に対してこのような態度をとったことで、哲学にどのような結果が現われたかを指摘しておく。

■ 宗教的啓示ではなく認識への欲求

01-03 今日、教養ある読者層のほとんどは、哲学的内容を含む文学的、学問的作品などは、読まずに放り出すだろう。現代ほど哲学が好かれていない時代はない。ショーペンハウアーとエドゥアルト・フォン・ハルトマンの著作は人生と世界の諸問題を一般的な関心から取り扱っていて、ある程度は広まっているが、それらを例外とすると、哲学的著作は専門の哲学者にしか読まれないと言っても過言ではない。哲学の専門家以外は誰も哲学に関心を持たない。哲学を専門としない教養人は、漠然と次のような感情を抱いている。

　これらの著作は私の精神的欲求を一切、満たしてくれな

い。扱われている内容は、私とはまったく無関係であり、
私の精神的充足にとって何の役にも立たない[1]。

このように哲学全般に対する関心が失われているが、その原因がまさに上述の事情なのである。なぜなら、こうした無関心とは裏腹に、満足のいく世界観や人生観を望む声はますます大きくなっているからである。多くの人々にとって、長い間、精神的充足の完全な代替物でありえたもの、つまり宗教的ドグマは、人々を納得させる力を日に日に失っている。精神的充足を、かつては信仰的啓示が与えてきたが、それを思考の働きによって得たいという欲求がますます強くなっている。したがって、哲学がもし文化の発展全体と共に歩み、哲学者たちが人類の内にある偉大な問いに正面から向かい合っていたら、教養人の関心が失われることもなかったはずである。

01-04 その際、前もって精神的な欲求を作為的に作り出すことがあってはならない。すでに存在する欲求を見出し、絶えずそれを満足させることを目指さなくてはいけない。学問の課題は問題提起ではなく、問題解決なのである[2]。人間本性からの問いや、文化段階から生じる問いを慎重に検討し、それらに解答を与えることが課題なのである。哲学者の問題意識と、現代の教養段階から自ずと生じる問題意識とがまったくすれ違っているので、その解答に誰も興味を示さなくても何の不思議もない。

---

1 新版の注 1、章末（31 ページ）参照

2 新版の注：「学問の課題は問題提起」……人間の魂的機構が外界を見ると認識の問いが生じる。問いという魂的衝動には力が内在している。その力とは、見ることと魂的活動を協働させることで見た対象の現実を表に引き出すべく、しっかりと見ようとする力である。

古典作家という土台からしかるべき発展をした教養段階からすれば、当然生じる問いがある。しかし、その問いは哲学の眼中にはない。したがって、私たちは誰も望まない学問を手にし、また誰も満足させてくれない学問的欲求を持っている。

■ 箔づけに使われるゲーテ

01-05 私たちの中心的学問、本来、世界の謎を解くはずの学問である哲学も例外ではなく、他のあらゆる学問分野と同じでなくてはならない。他の分野が源泉としたものを、この学問も源泉にする。哲学は古典作家と取り組むだけではなく、古典作家の内に自らの発展の萌芽となるものを探すべきである。この学問も、他の文化領域と同じ流れを汲まなくてはならない。本来、そうでなければならない。現代の学者が古典作家を取り上げている点はすでに述べたが、それもこの必然性を感じてである。しかし、そこで古典作家に触れている理由は、古典作家の業績を無視して、ただちに持論に入ってしまうのはどこか不誠実であるというおぼろげな感情があるからにすぎない。またそこには、古典作家たちの見解を発展させられず、現実には自分のものにできなかったことも見て取れる。それは、レッシング、ヘルダー、ゲーテ、シラーに対する彼らのアプローチの仕方に端的に現われている。現代の学問的著作の多くが非常に優れている点は間違いないが、ゲーテやシラーを学問的に扱った著作のほとんどに対し次のように言わざるをえない。それらは、ゲーテ、シラーの世界観から有機的に形成されたのではなく、骨子ができあがった後に、ゲーテ、シラーとの関係をとって付けただけである。これを示す事実がある。つまり、真っ向から対立する二つの学派の双方が、ゲーテこそが自分たちの学問的方向を「予見した」と言っているのである。何の共通点も持たない二つの世界観が同等の権利を持ってゲーテとの関係を述べているのは、自説が人類の高みにおいても認められていることを示したいという欲求を感じているからである。さて、ヘーゲルとショーペンハウアーの学説は真っ向から対立している。ショーペンハウアーはヘーゲルをいかさま師呼ばわりし、その哲学を、安っぽい言葉のがらくた、純然たるナンセンス、野蛮人が並べた言葉と言っている。この二人には何の共通点もないが、ただ一つだけ、ゲーテへの限りない崇拝、そしてゲーテが自分の世界観を支持したはずだという確信だけは共通していた。

01-06 最近の学問潮流でも事情は同じである。ヘッケルはダーウィン主義を天才的な方法によって終始一貫拡張していて、ダーウィン信奉者の中でも傑出した人物と言えるだろう。このヘッケルは、ゲーテの見解の中に自分の考えの先駆があると見ている。また現代の自然科学者 C.W. イェッセンはダーウィンの説を批判して、

> 昔からくり返し唱えられ、またその度に徹底的研究によって反証されてきた学説が、今、多くの見せかけの論拠を裏づけに、多くの専門家や素人の尊敬を集めている。この事実は、残念ながら、諸民族による自然科学の成果が、いまだに理解されていないことの証左である、[3]

と述べている。一方ゲーテについては、「奥深くまで見通す注意深い自然観察によって、あらゆる植物生成の根本法則を」[4]発

3 C.F.W. イェッセン『(文化史から見た) 現代と古代の植物学』ライプツィヒ、1864 年、459 ページ。

見することで、「非生命界から生命界までをも包括する研究に到達した[5]」と言っている。ヘッケルもイェッセンも、自説と《ゲーテの注意深い観察》との一致を証明するために、おびただしい引用を挙げることができるはずである。ゲーテの考えがこれらの相反する立場の双方と正当に結びつくなら、ゲーテの考えは支離滅裂だということになるだろう。しかしこの原因は、ゲーテの側にあるのではない。どの立場も、実際にはゲーテの世界観から生じたのではなく、ゲーテ以外に立脚しているからである。つまり、個別の発言はゲーテの思考全体から切り離せば意味を失ってしまうにもかかわらず、人は見かけ上自説と一致する枝葉末節ばかりを探していて、一つの学問潮流の基盤となりうるほどの内的確実さがゲーテの思考全体の中にあることを認めようとしなかったのである。ゲーテの見解は、決して学問研究の出発点であったことはなく、いつでも比較の対象に過ぎなかった。ゲーテと取り組む人がいても、囚われのない目でゲーテの理念と一体となろうとする弟子であることは希で、ゲーテに審判を下す批評家であることがほとんどだった。

■ ゲーテが実践した哲学が重要

01-07「ゲーテには学問的な感覚があまりにわずかしかなかった」とか、「ゲーテは詩人としては偉大だったが、哲学者としては深くはなかった」などと言われている。これでは学問的立場をゲーテから築くことは不可能なはずである。ゲーテの本質

---

4 同上、343 ページ。

5 同上、332 ページ。

がまったく不当に評価されている。もちろんゲーテは通常の意味での哲学者ではなかった。しかし、彼の素晴らしい人格的調和に接したシラーの次の言葉を忘れてはならない。

この詩人こそが唯一の真の人間である。

シラーが「真の人間」という言葉で表現したのがゲーテだった。人間一般なるものの最高の表現に必要なものを、ゲーテの人格はすべて備えていた。さらには、こうした諸要素が彼の内では統一体を成し、統一体として働いていた。それゆえ、たとえその哲学的意味を、何らかの学問的命題の形式で意識しなかったにしても、彼の自然に対する洞察の根底には深い哲学的感覚があった。誰かがこの統一体に深く入り込んでいくなら、そしてもしその誰かが哲学的才能を持っていたなら、ゲーテの哲学的意味を解明し、それをゲーテ的学問として提示できるだろう。しかしそこでは、ゲーテを出発点にしなければならず、あらかじめ築いた世界観を持ってゲーテに近づくのであってはならない。系統的哲学体系を残さなかったにしろ、ゲーテの精神的諸力は最も厳密な哲学に沿って働いていたからである。

01-08 ゲーテは、世界のありとあらゆることを洞察している。この詩人は、中心にある統一的本性から世界を洞察し、観察対象の本性に即した洞察結果を導く。ゲーテは、精神的諸力を統一的に活動させる力は自身の内に持ちつつ、精神活動のあり方は観察対象の側に合わせた。観察方法をゲーテは外界から借りてくるのであって、外界に押しつけたりはしない。ところで、多くの人間の思考法はある一つのパターンしかなく、それはあるカテゴリーの対象物には有効である。その意味で、ゲーテの思考法が統一的であるのに対し、この思考法は画一的である。より詳しく述べよう。上述の思考法は悟性と呼べるし、これは主に、力学的関係や力学的効果の把握に適している。そうした悟性を持ち、全宇宙（ユニヴァース）を機械的メカニズムと考える人たちがいる。もう一方で、外界のいたるところで秘密に満ちた神秘的要素を見出そうとする衝動を持つ人々がいる。彼らは神秘主義の使徒だろう。あるカテゴリーの対象については完全に正当な思考方法であっても、それを万能視すると、多くの誤謬をまき散らすことになる。こう見ると、種々の世界観の間で争いが起こる理由がわかる。ゲーテの捉え方では、観察方法を観察者の精神から導くのではなく、観察対象の本性から取り出すので、その方法は無限である。そして、一面的な捉え方をする人がゲーテの捉え方から自分にとって都合のよい捉え方を抜き出し、それに固執するのも容易に理解できる。ゲーテの世界の観方は、この意味で多くの思考方法を内包しているし、逆に、一面的な把握方法では決して捉えきることができない。

01-09 ゲーテの天賦の才（ジーニアス）という有機体の中にあって、彼の哲学的感覚はその本質の一つであり、またそれは詩作にも重要な意味を持っていた。シラーは哲学的感覚から得られるものを概念的な形式で明確に表現することを得意としたが、ゲーテは違った。それでも、芸術的創造の中で哲学的感覚を働かせたのは、ゲーテもシラーと同じであった。ゲーテやシラーの詩的創作は、背後にある世界観を抜きにしては考えられない。ただ、シラーの場合にはきちんとしたかたちで表現された諸原則の方に重きがあり、ゲーテでは対象の観方に重きがあった。そして、ドイツ民族の最も偉大な詩人たちによる創作の頂点において、哲学的要素が不可欠であったという事実は、人類発展においても哲学的要素が不可欠であることの最高の裏づけである。何よりもゲーテとシラーを手本にすることによって、この中心的学問を象牙の塔から解放し、他分野の文化発展と結びつけられるのである。古典作家の学問的確信は、彼らのあらゆる研究努力の中に見出せるし、彼らが創始し現在もなお続くこの文化エポックにとっては時代的要求でもある。

新版の注 **1**：「この著作には私の精神的な」……哲学的文献に対する関心が薄いと私が判断した背景には、私が体験した 1880 年代中盤の学問の精神的雰囲気があった。しかし、それ以降の社会現象を見ると、この判断は一見、間違いのように見える。ニーチェの思想が、それこそ眩いほどの光となって社会の広範囲に降り注いだことを見れば明らかだろう。そして、唯物的一元論者と、精神に即した世界観の支持者の間に闘いが繰り広げられ、それは今日もまだ続いている。そこでは、命に満ちた内容を求める哲学的思索が繰り広げられ、存在の謎への挑戦には一般的な広い関心が寄せられていた。また、物理学的世界観を背景とするアインシュタインの考えなどが、当たり前のように文学や会話のテーマになった。

しかし、当時この判断を下した際に私が感じていたモチーフは、今日も変わらない。今それを書くなら、表現を変える必要はあるだろう。しかし、今回の改訂版は、旧版をほぼ踏襲しているので、当時の判断が、今日どれくらい妥当するかを述べておくことの方が適切だろう。……この認識論の基礎であるゲーテの世界観は、人間全体の体験を出発点としている。この全体的体験に比べると、思考的世界考察は、その一面にすぎない。言ってみれば、漲るような人間存在そのものから、思考形成過程が魂的営みの上に浮かび上がってくる。この思考像の一部に「人間の認識とは何か」という問いの答が含まれている。そして、「本来あるべき人間存在となるのは、認識活動においてである」と知るとき、その答に気づくのである。認識を伴わない魂の営みとは、頭なし人間のようなもので、それはありえない。魂の内面にある器が育ち、それは飢えた動物が食物を求めるのと同じように、外からの知覚を求める。しかし、その知覚には本質は含まれていない。本質は、知覚内容が認識過程によって魂的内容と一体になったときに現われるのである。こうして認識過程が、言わば世界現実を構築する構成部分となっていく。認識することによって、人間はこの世界現実を共に創造する。最終的に実をつけない根など意味がないのと同じように、認識がなくては、人間だけでなく、世界すらも未完に留まるのである。認識において、人間は自らのために何かを創造するだけでなく、真なる実在の開示という意味で、世界と協力して何かを創造してもいる。人間の内に存するのは理念的な虚像である。知覚される世界とは感覚の虚像である。この両者が認識において相互に働き合って、はじめて現実になる。

このように見れば、認識論とは生きることの一部である。また、この認識論は、ゲーテの魂的な体験という広大な営みを包括しているので、そうした生きることの一部と見なされなくてはならない。しかし、ニーチェの思考と感情でさえ、こうした広大な営みとつながりを持たなかった。本書の「出発点」の章で触れた哲学的な世界観、人生観、そこから派生した思想では、ゲーテとの結びつきはさらに薄かった。これらの世界観は、「現実は、認識とは無関係に既存であり、また、この現実を人間内に写し取るか、取らないかが認識である」ということを前提にしている。現実が、認識によって見出されるのではなく、認識において創造されることを、誰も感じ取っていない。哲学的思考は、認識の中に命や存在を探そうとしないが、ゲーテは、認識的に活動しながら、創造する命や存在の中に立っている。したがって近代の世界観的試論も、ゲーテの理念創造とは世界を異にする。

私たちの認識論はゲーテの理念創造の内にあらんとしている。そうすることで、哲学が生の内容となり、生きる上で哲学への関心が不可欠となるからである。

第２章

シラーの方法によるゲーテの学問

■ ゲーテの研究法を学問的に根拠づけ、発展させる

02-01 これまでの論述で、私たちの探求すべき方向が決まった。ゲーテの学問的感覚を発展させ、また観察に際してのゲーテの解釈法を発展させるのである。

02-02 こうしたやり方は学問的ではないという反論も考えられる。学問的見解は、決して権威によって裏づけられるのではなく、原則に基づかなければならないという反論である。まずこの反論を退けておこう。私たちはゲーテ的な世界把握の基礎にある見解を真実とするが、それを正しいとするのは、それがゲーテに由来するからではない。そうではなく、ゲーテの世界洞察が確固たる基盤の上に成り立ち、内なる存在根拠を持つと考えるからである。ゲーテを出発点とするからといって、基礎をおろそかにはしないし、その点ではいわゆる無前提を自負する学問と同じである。私たちはゲーテ的な世界観を掲げるが、同時にそれを学問的要求に沿って根拠づける。

■ ゲーテの思考法は理想の方法論

02-03 こうした探求が進むべき方向は、シラーが示してくれている。シラーほどゲーテの天賦の才（ジーニアス）の偉大さを見ていた人物はい

ない。シラーはゲーテに宛てた書簡の中で、ゲーテ自身の本性を鏡に写し出して見せた。彼はゲーテという人物において、芸術家の理想像を見て取り、それを『人間の美的教育について』の書簡で、逐次、明らかにしていった。また、ゲーテの詩作において芸術の本質を見て取り、それを『素朴文学と情感文学について』という論文にしている。私たちは本書で展開される論を、ゲーテ・シラー的世界観を基礎にすると表現するが、その根拠はここにある。シラーが上述の書簡や論文で展開した観察方法を手本に、ゲーテの学問的思考を観察したいと思う。ゲーテが眼差しを自然や生命に向け、遂行していた観察方法こそが、本書の題材（内容）になる。また、シラーはゲーテの精神に目を向けている。このシラーが実践する観察方法が、私たちにとって理想的な方法となる。

02-04 このようなやり方をすることで、ゲーテとシラーの学問的努力が現代に実りをもたらすと考える。

■ カントの認識論では不毛

02-05 通常の学問的枠組みでは、ここでの論述は認識論とされる。そして、今日の一般的な認識論にはお気に入りの問題がある。しかし本書の認識論では、当然ながらそれらとはいろいろな意味で異なった問題を取り上げる。その理由はすでに見てきた。今日の認識論的探求は、ほとんどがカントを出発点にしている。このケーニヒスベルク出身の偉大な哲学者が確立した認識論と私たちの認識論を比べると、方向はまったく違うが、洞察の深さでは優劣はないだろう。ところが学者の間では、カント以外の認識論が存在する可能性すら無視されている。1860

年代初頭にオットー・リープマンは次のように言っている。

> 矛盾なき世界観を得たいなら、カントに立ち帰らなくてはならない。

こうした見解がおそらく、今日カント文献が数多く見られるようになったきっかけだろう。

02-06 しかし、カントに帰っても哲学が立ち直ることはない。カントではなく、ゲーテやシラーに回帰し、彼らの学問の方法を深めたときにはじめて、哲学は文化生活における役割を再び果たすことができるようになるだろう。

02-07 これをもって、私たちの認識論の基本問題に入りたいと思う。

第3章
私たちの学問の課題

■ 学問の基本構図

03-01 結局、どの学問にも、次のゲーテの的確な言葉が当てはまる。

理論それ自体の唯一の役割は、諸現象間における相互関係が信じるに値すると示すことである。

個別に体験された諸事実を、ある関連においてつなぎ合わせること、学問では常にこれを行なっている。非生命界では、原因と結果がまず別個に現われ、両者の関連を該当の学問分野で探求する。生命界では、属や種に属する諸生物を見て、それらの相互関係を明確にしようとする。歴史においては、まず個別な人類文化期と出会う。そして、諸発展段階の相互の内的依存関係を認識しようとする。このように、どの学問も、それぞれの現象領域において、上述のゲーテの言葉を実践している。

■ 理念世界と感覚的現実の関係

03-02 このように、どの学問も特定の研究領域を持ち、その領域で諸現象間の関係を探求している。ところが学問的探求において、ある大きな意味を持つ対置関係がいまだに解決されていない。学問によって得られる理念界と、その理念界の基盤とされる諸対象との対置関係である。この両者の相互関係を解明する学問がなければならない。理念界と現実界、理念と現実の対置関係がこの学問の課題である。そして、この対置関係もまた、理念と現実の相互関係として認識されなくてはならない。

■ 具体的な問い

03-03 この関係を探求するのがこれ以降の論述の目的である。一方には学問における理念的な諸事実が、もう一方には自然界や歴史における諸現実があり、その両者に橋を架けるのである。人間意識に外界が投影されることには何の意味があるのだろうか。 現実界に存する対象について考えるとき、その思考と対象自体とには、どのような関係があるのだろうか。

B 経験

第4章
経験という概念の確定

■《思考》と《思考の対象》の対置

04-01 思考と思考が働きかける対象という二つの領域が向かい合っている。対象の方は観察することができるので、経験の一つに数えられる。ところで、観察可能な範囲外にも思考の対象が存在するか、存在するとしたらその特性はどのようなものかという点は当面は考えない。まず取り組むべきは、経験と思考という二つの領域の明確な区別である。そこでまず経験を特定の指標の下で取り上げ、次に思考の本性を探求する。ここで、その第一の課題を考察する。

■《経験》の対象は完成品として現れ、一切の関連は未知

04-02 経験とは何だろうか。外界で腑に落ちない事柄と出会うと、思考に火がつくことは誰もが知っている。また、時間内、空間内でさまざまな対象物が私たちに近づいてくる。外界では、多層に渡る多種多様な事物を知覚し、内界では、その発達程度に個人差こそあれ、しっかりと営みを展開している。いずれにしても、出会いの瞬間には、それらはすでにできあがっている。それが現われ出てくる過程に私たちはまったく関与していない。感覚的知覚であれ精神的知覚であれ、現実が目の前に

現われるときには、それはあたかも未知なる別世界に由来するかのようである。とりあえずは、眼前に現われた多様なるものに視線を彷徨わせることになる。

04-03 ここでの最初の行為は、感覚による現実把握である[1]。この行為によって登場するものを、まずしっかり検討しておく必要がある。それは、これだけが純粋経験と呼べるからである。

04-04 姿、力、色、音といった無限の多様性が目の前に現われると、私たちは居ても立ってもいられず、それらをただちに悟性の力で秩序づけたくなる。目の前のあらゆる個々の事柄について、お互い同士の依存関係を明らかにしようとする。ある地域である動物を見たら、風土がその動物に与える影響を問題にするし、石が転がり出すのを見れば、それに関連する別な事柄を探す。しかし、そこに成り立つものはもはや純粋経験ではない。そこにはすでに二つの道筋に由来するものがある。つまり、経験と思考である。

04-05 自分の内から湧き出るものを完全に抑えて、現実と向かい合ったときに、現実が取る形式が純粋経験なのである。

04-06 現実のこの形式を、ゲーテは論文『自然』[2]の一節で適切に述べている。

> 私たちは、自然に取り囲まれ、取り巻かれている。頼みもしないのに、予告もなしに、私たちを自然の舞踏という循環に引き込んでいく。

04-07 外的感覚で捉える対象が、できあがった物として目に飛び

---

1 新版の注 1、章末（44 ページ参照）

2 新版の注 2、章末（46 ページ参照）

込んでくる点は一目瞭然で、否定の余地はないだろう。物体が私たちの前に現われる最初の姿は、形、色、熱、光などからなる多様な感覚印象であるし、それは突然、あたかも未知なる根源から湧き出たかのように眼前に現われる。

■ 知覚生理学との関連

04-08 眼前にある感覚界は、それ自体としては存在せず、私たちには知りようのない外界分子と私たちの身体の相互作用によって成り立つというのが心理学的確信である。しかし、この見解は私たちの主張と矛盾しない。仮に、色、熱などが、外界からの刺激に対する身体反応にすぎないとしても、外界の出来事を色、熱などに変化させるプロセスを私たちはまったく意識できない。その際、身体は何らかの役割を果たすにしろ、できあがったものとして思考の前に立ち現われる現実形式は、分子界の事柄ではなく、色や音などである。

■ 内的営みも《経験》に含まれる

04-09 内面の営みに関しては、事情はそれほど明らかではない。しかしきちんと検討すれば、意識に現われる形式という点では、内面の営みも、外界の事物と同じであることに疑問の余地はないだろう。感情の現われは光による印象の現われと何ら変わるところはない。感情の方が人格により近いとしても、そのこと自体はここでの論旨にはまったく影響しない。さらに一歩すすむなら、思考そのものさえも、とりあえずは経験的事象の一つと言うことができる。研究的姿勢で自分の思考に向かい合うときですら、その最初の姿は未知なるどこかからやって来る。

04-10 これ以外ではありえない。思考を、特にそれを意識内における人間的な個の活動という形式で捉えると、思考とは観察なのである。つまり、視線を外の対象に向けている。このときの思考は、まずは視線を外に向けるという行為にすぎない。もし思考の前に対象がなければ、思考は無を覗きこむはずである。

■ 思考も経験に含まれる

04-11 知の対象となるものは、すべてこの対置という形式をとるはずである。私たちは、この形式を超えることはできない。思考が世界により深く入り込むための手段であるとするなら、思考そのものがまずは経験の一つでなければならない。思考を、経験という範囲内の事実として探求しなくてはならない。

04-12 そうすることによってのみ、私たちの世界観の内的な統一性が保証される。この世界観に、経験の範囲を越えた異物を持ち込んだ瞬間に、統一性が失われる。まずは、単純な純粋経験を取り上げ、その純粋経験の範囲内に存在する要素の中から、それ自体に光を投げかけ、さらには他の現実要素にも光を投げかける要素を探す。

新版の注 **1**：「ここでの最初の行為は」……この認識論全体の論調からわかるように、ここでの議論の主眼は「認識とは何か」という問いへの解答である。そのために、一方では感覚的世界、もう一方では思考的に入り込む世界に着目した。そして、この両者の相互浸透によって、感覚存在の真の現実が開示することが証明される。これによって、「認識とは何か」という問いに原則的には答えている。この問いを霊

的（精神的）[3]観察にまで広げても、答は変わらない。したがって認識の本質について本書で述べられていることは、私が後の著作で述べている霊界（精神界）の認識についても当てはまる。人間が観ることで現象となった感覚世界とは、現実ではない。それは、人間内で思考的に開示してはじめて現実となる。自然存在の設計思想とも言うべきものは、感覚的観照的な現実の側に属する。ただ、感覚存在が内包する設計思想が現われるのは、外界の対象においてではなく、人間内においてである。それでも、設計思想と感覚知覚とは一つの存在である。人が世界を感覚的に観照するとき、現実から設計思想の側を切り捨てている。そして、この設計思想は別の場所、つまり魂内に現われる。知覚と設計思想とが分離することには、客観世界にとっては何の意味もない。そこに分離が生じるのは、人間が存在の中間点に位置するからである。こうして人間には、あたかも設計思想と感覚知覚が二分しているように見える。霊界（精神界）の観照についても事情はまったく同じである。後に著した『いかにして高次の世界を認識するか』[4]で叙述したように、こうした成り行きが魂的次元で現われるにしても、まず霊的（精神的）存在の一つの面が生じ、次に対応する設計思想がもう一つの側として現われる。ここでの違いは次の点だけである。つまり、感覚知覚の場合は、設計思想によって言わば精神的なる原初へと上に向かうことで現実として完結する。それに対し、霊的（精神的）観照ではこの原初から出発し、下方に向かってその真の存在本性を体験するのである。感覚知覚は自然が作り出した感覚器官によって経験され、霊的（精神的）知覚は、魂的な仕方で形成された霊的（精神的）知覚器官によって生じるが、そこには原則的な違いはない。

---

3 訳注：本書は認識論なので、Geist の訳語には「精神」を用いている。しかし、シュタイナー 40 歳以降の著作や講演録では彼の霊視内容が述べられているので、Geist を「霊」と訳す方が妥当と思われる。日本語での表現は二通りであるが、まったく同じ事柄を指している。ただ、その中でも私たちにとって比較的身近な部分を「精神」と呼び、霊視によってはじめて体験できる部分を「霊」と呼ぶと考えてよい。

4 *Wie erlangt man Erkenntnisse der höheren Welten?*, 1904/05,『いかにして高次の世界を認識するか』松浦賢訳、柏書房 2001 他

正直に申し上げて、私の後の著述においても、本書でまとめた認識的理念から離れたことはなく、むしろこの理念を霊的（精神的）経験に適用していると言える。

新版の注 **2**：ゲーテの論文『自然』……私は《ゲーテ協会》の雑誌でこの文章の成立過程を示そうと試みた。つまり、この文章の成立当時のワイマールでゲーテと交友のあったトブラーが、ゲーテの内にこの理念が生きていることを認め、ゲーテとの対話の後にその理念を書き記した。その後この原稿は、当時手書きで発行されていた《ティーフルト・ジャーナル》に発表された。ゲーテは後になって彼の初期の発表について回想し、その一つでこの記事について触れている。そこでゲーテは次のようにはっきりと言っている。「この文章が自分のものかは思い出せないが、これは当時の自分が理念として抱いていたものを含んでいる」と。《ゲーテ協会》誌の論文の中で私は、この理念がさらに発展したかたちでゲーテの自然観の全体に流れ込んだことを証明しようと試みた。その後になって、この論文『自然』の著者がトブラーただ一人であったとする論文が発表された。私は、この作者問題について論争するつもりはない。仮にこの論文が完全にトブラーのオリジナルだとしても、1780 年代当初に、ゲーテの中にこの理念が生きていたことは間違いがない。しかも彼自身が公言しているように、彼の自然理解の第一歩として生きていた。こうした状況にしたがって、私個人としては、この理念がゲーテの内に生じたとする私の見解を破棄する理由は見あたらない。しかし、もし仮にこの理念がゲーテの内で生じたのでないにしても、これは、この上なく多くの実りをもたらす一つの存在としてゲーテの精神内に生きていた。ゲーテの世界観の観察者の立場からすれば、この理念は、それ自体で意味を持つのではなく、そこから生み出されたものとの関連において意味を持つ。

第5章
経験の内容についてのコメント

■ 経験の諸性質：無関連性、等価性、多様性

05-01 さて、一度、純粋経験を観察してみよう。思考的な働きかけなしに、意識を通り過ぎていく際の純粋経験とはどのようなものだろうか。それは空間内に隣り合うもの、時間的に後先に現われるものにすぎない。何の脈絡も持たない諸部分の集合体である。諸対象物が現われては消え、それら同士には何のつながりもない。諸事実はこの段階では、知覚であれ、内的体験であれ、お互いに完全に無関係である。

05-02 そのとき世界は、完全に等価な物同士からなる多様性を示す。いかなる物や出来事も、他の部分より高い地位を持ち、世界の運行において重要な役割を担っているなどという権利はない。事実相互の重要性を吟味するには、観察だけではなく、それについての思考が必要である。動物には、未発達で生存に何の影響も及ぼさない器官から、生存に不可欠な器官までさまざまあるが、こと経験という立場からは、これらにはまったく同等の意味しかない。各器官の重要性は、観察された各部の相互関係を考えたとき、つまり、思考が経験に働きかけたときに明らかになる。

05-03 経験にとっては、低次の発達段階にあるカタツムリと最高

度に進化した動物も価値は同じである。眼前の多様性と向かい合い、それを概念的に捉え、徹底的に検証してはじめて生体の完成度の違いがわかる。この意味では、未開人の文化もヨーロッパの教養人の文化も同じ価値を持っている。また、単なる経験のレベルで言えば、シーザーと彼の一兵卒のどちらが人類の発展史に重要な位置を占めたかもいえない。もし単に経験的事実を問題にするなら、文学史上、ゲーテがゴットシェッドに勝っているともいえない。

■ 等価性の平面への喩え

05-04 観察というこの段階では、思考的には何もなく完全に均一な平面である。他より浮き上がったところなど一切ない。思考という意味ではどの部分にも差はない。この平面に思考の火花が落ちて、はじめて起伏が生じ、ある部分が他より突出し、全体が何らかのかたちを持ち、構成体同士がつながり合い、一つの完璧な調和がもたらされる。

05-05 こうした例で以下のことが明確になったはずである。まず、知覚対象物（ここでは、経験における諸事物と同義）の意味をどれくらいに見積もっているかである。また、知覚対象を関連性の中で観察するときにはじめて生じる、智をどう捉えているかである。思考がかかわる前であっても、経験世界にはすでに幾つもの相違点を持つ諸対象が存在するではないかという反論もこれで退けられるはずである。赤い平面と緑の平面は思考なしでも区別できる。それは間違いない。しかし、この反論は、私たちの主張を誤解している。私たちは経験において無数の個別な事象が与えられると主張している。この個別な事象は、当然、お互いに違っていなくてはならず、そうでなければ相互に無関係な無数の多様性として現われることはない。知覚対象に差異がない（無差異性）などとは言っていない。そうではなく、それらが完全に無関連であること、また、個々の知覚事実が、私たちの現実像という全体に対してまったく意味を持たない点を言っているのである。千差万別な質的な違いを認めているからこそ、こう主張するのである。

05-06 それ自体で完結し、各部が調和した統一体が眼前に現われるのであるから、この統一体の各部がお互いに無関係であるなどとはいえないのではないか。

05-07 こう考えることで上述の《平面》の比喩を納得できない人は、本来、対比すべきものを理解していないと思われる。無限の多様性を持つ感覚世界を均一な平面として類比するなら、それはもちろん間違いである。しかし私たちが言う平面とは、多種多様な現象世界を指しているのではない。そうではなく、知覚として取り込んだ像、そしてそこに思考が働きかける以前の、ひとまとまりの全体像をイメージしている。この全体像を構成する個々の部分は、初めは感覚知覚したそのままであるが、思考が働きかけると、現実全体に対する意味を持ち始める。このとき個々の部分は、経験という形式においては見られなかった性質を持ち始める。

■ 純粋経験の例

05-08 まさに純粋経験と呼べるものを、カント哲学の継承者であるヨハネス・フォルケルトは、感心するほど的確に描写している。彼は5年前の著作『カントの認識論』[1]ですでにそれをみごとに性格づけ、さらに最新刊『経験と思考』[2]でより詳しく述べている。ところで彼が論証しようとした見解や彼の意図は、私たちのそれとは正反対である。しかしそのことは、純粋経験についての彼の優れた性格づけをここで引用する妨げにはならない。そこでは単に一定の時間内に、何の脈絡もなく、意識を通り過ぎていく情景が描写されている。

たとえば、今の私の意識内容は、今日はよく仕事をしたという表象だとする。それに続く表象内容は、散歩にいってもよいかなとなる。ところが、突然ドアが開く。郵便配達夫が中に入ってくる。郵便配達夫の知覚像はまず手を伸ばし、次に口を開き、さらに手を引っ込める。そして、口が開くという知覚内容と同時に聴覚印象が現われるが、そこには外で雨が降り始めた音も含まれる。郵便配達夫の像が私の意識から消え、その後現われる表象は次のとおりである。はさみを手にとる。手紙を開封。読みにくい字にいらだつ。視覚像としての多様な文字。それに伴う種々の想像と考え。これが終わるやいなや、再びよく仕事をしたという表象が現われ、不満感と共に降り続く雨の知覚が現われる。ところがこれらの表象も私の意識から消え、今日の研究で解決したはずの問題点がじつは未解決であるという内容の表象が現われる。またそれと共に、意志の自由、経験的必然性、責任性、美徳の価値、不可知性などの表象が続

1 ヨハネス・フォルケルト『イマヌエル・カントの認識論（その基本原則に従って）』ハンブルク、1879年

2 ヨハネス・フォルケルト『経験と思考』ハンブルク、1886年

き、それらが相互に、多種多様に、複雑に結びつく。それがさらに同様に続く[3]。

05-09 ここには一定の時間内における実際の経験、つまり、思考がまったくかかわらない現実の形式が描写されている。

05-10 この例は日常的な体験を題材にしているが、代わりに科学実験とか、何らかの特殊な自然現象における経験を描写したとしても、違った結果になるとは考えられない。題材を代えても、関連のない個別の像が意識の前を通り過ぎることに変わりはない。思考によってはじめて、相互の関連が見出されるのである。

■ ヴァーレの説：思考を含めたすべてが無関連

05-11 あらゆる思考要素をそぎ落としたむき出しの経験の内容については、リヒャルト・ヴァーレ博士も小論『脳と意識』（ウィーン、1884 年）で事細かに描写している。ただし、ヴァーレと私たちの見解には相違がある。対象の現われが相互に無関連であるという点である。それは私たちの世界観では第一段階にだけ当てはまるが、ヴァーレは外界内界のすべての現象に無条件に当てはまるとしている。ヴァーレによれば、私たちが知るのは空間並列的事象と時系列的事象だけだと言う。彼は、並列的ないし時系列的な諸事象間に関係が成り立つとは考えない。たとえば、暖かい日光と石の温度上昇とには何らかの内的な関係があるかもしれない。しかし、その原因結果の関係は不可知で、第一の事実に第二の事実が続くことしかわからないと言う。ま

3 『カントの認識論』168 ページ以降

た、脳のメカニズムと私たちの精神的活動の間には、私たちのあずかり知らぬ世界で何らかの内的な関係が成り立っているのかもしれない。しかし私たちには両者が並行して起きることしかわからず、両現象の間には因果関係すら想定してはいけないとしている。

05-12 ヴァーレは上述の主張を学問の究極的真理としているが、ここまで適用範囲を広げることに対して、私たちは異議を唱える。それでも、現実を知覚する最初の形式については、ヴァーレの説が完全に正しい。

05-13 知のこの第一段階では、外界の事物や内界の出来事だけが相互に無関係なのではない。自分自身の人格もまた他の世界と関連を持たず、孤立した単体としてそこにある。私たち自身も無数の感覚像の一つとして、周囲の事物と何の関係も持たない存在なのである。

第６章

経験全体に対する誤見解の是正

■ カント哲学の主張

06-01 ここでカントに由来するある先入観を指摘しておこうと思う。それは一部の学派では、公理とされるくらいに深く浸透しているし、それを疑う者は素人扱いされ、現代学問の基礎概念すら理解できない人間と見なされる。それは初めから無条件に成り立つことのように言われている。

知覚世界のすべて、つまり色彩、形、音や熱といった無限の多様性を持つ世界とは、主観的な表象世界以外の何ものでもなく、不可知世界からの作用に感覚を開いているときにだけ存在している。

この見解によれば、現象世界全体は個々人の意識の枠内に存する表象として説明され、認識の本性についての主張もこれを前提にしている。フォルケルトもこの見解を基礎に、学問を積み上げ、第一級の認識論を構築している。しかしながら、この見解は根本真理ではないし、認識学の頂点に据えるのには最も不適切でもある。

06-02 さて、誤解は避けておこう。現代生理学の諸成果に対し無益な抵抗をするつもりはない。しかし、生理学的には完全に正しくとも、それは必ずしも認識論の出発点にはふさわしくない。（身体生理作用としての）感覚知覚と（心理的側面の）見ている実感との複合体、つまり経験と呼べるものが、生体器官の協働によって生じるというのは確かに疑問の余地のない生理学的真理だろう。しかしこの生理学的認識は、多くの考察や研究の成果を背景として成り立っていることも確かである。「現象世界は生理学的な意味では本質的に主観的である」と言うなら、この段階で現象世界に思考的規定を付け加えていることになる。したがってこれは、現象世界が意識に最初に現われる段階とは関係がない。経験への思考の適用が前提になっている。このように、生理学的主張よりも、認識における経験と思考の相互関係の方が先にある。それゆえ、これらの相互関係を認識論的側面から先に探求しなくてはならない。

06-03 学問的教養のない素朴な人たちは今日でも、時間空間内の事象を現実と見なしているが、人はこれを前カント的《素朴さ》として見下している。

06-04 フォルケルトは次のように主張する[1]。

> 客観的認識であると主張するあらゆる行為は、認識者個人の意識と不可分に結びついていて、まさに個人の意識内だけで行なわれている。そしてさらに、こうした行為は個人という領域を越えることもできず、外に存在する現実領域を捉えることもできず、そこに入ることも一切できない。

■ カント哲学への反論

06-05 しかし、囚われなく考えるなら、私たちに向かってくる現

---

1 『経験と思考』4 ページ

実の最初の形式（経験）が単なる表象にすぎないと見なしうる根拠が経験内に見つかるはずはないのである。

06-06 素朴な人間が物を見ても、そこにこの見解に至る根拠は見出すことはないという事実をとってみても、対象そのものの方にも、その根拠が存在しないことはすぐにわかる。樹の中に、机の中に、それらが単なる表象像であると見なさなくてはならない根拠があるだろうか。少なくとも、それを自明の真理とすることはできないはずである。

■ カント哲学の主張とその自己矛盾

06-07 フォルケルトはそう見なすことで、自らの根本原則との矛盾に陥っている。経験とは、思考的規定を含まない、相互に無関連な混沌状態の像そのものであるという真理は彼の基本原則であった。ところが、私たちの論考によれば、経験は主観的であるという主張はどうしてもこの基本原則と矛盾する。フォルケルトは本来なら、認識の主体、つまり観察者自身もまた、その他すべての無関連な事象と同様に、経験世界の中で他と何の関連も持たずにそこに存在すると洞察していなければならなかった。知覚世界という主語に主観的という述語を結びつけるなら、地面が凹んでいる原因が落石であると見なすのと同じように、それは思考的規定である。しかしフォルケルト自身、経験における事物相互は無関連であると前提している。自説である純粋経験の原則に背いているので、これは自己矛盾である。これによって彼は自分の個の中に閉じこもり、そこから抜け出られなくなっている。実際、彼はそのことをあからさまに認めている。切り取られた像にすぎない知覚を越え出るあらゆる対象に彼は疑いを抱く。私たちの思考はこの表象世界から出て、客観的な現実界とつながろうとするが、表象世界からの脱出という その試みだけで、実際の確かな真実には到達しえないというのが彼の見解である。フォルケルトによれば、思考によって得られるあらゆる知に疑いがつきまとう。それは、直接経験の確かさの域には到底達しない。直接経験だけが疑問の余地のない知を与えてくれる。しかし、直接経験だけでは知としてはまったく不十分であることは、すでに見たとおりである。

06-08 しかし、フォルケルトがこうした考えに陥った唯一の原因は、感覚的現実（経験）に本来ありえない性質を付与し、それを前提に仮説を組み上げたことにある。

06-09 ここで私たちが特にフォルケルトの著作を問題にしたのは、この著作が、まずこの分野における現代の最も重要な研究であり、さらにはゲーテ的世界観の認識論と原則的に対立する認識論的研究の中でも、典型的なものだからである。

第7章
読者一人ひとりの経験への訴え

■ 本書の論述の姿勢：事実の示唆

07-01 直接に与えられているもの、つまり内界外界の最初の出現形式に、最初から何らかの性質を想定し、それを前提に議論を展開するという過ちは避けたいと思う。思考がまだまったくかかわっていない、まさにそのものを経験とする。したがって、私たちの議論の最初の段階では、思考的過誤が入り込む余地はない。

07-02 純粋経験に最初から概念を紛れ込ませ、後にその概念をもう一度そこに読み取り、それで純粋経験について語っていると思い込んでいる点こそが、多くの、特に現代の学問研究の根本的誤りなのである。ところで、私たちも純粋経験に多くの属性を付与しているという反論があるかもしれない。純粋経験とは、無限の多様性であるとか、関連のない諸部分の集合体であるなどと言っているからである。これもまた思考的規定だといえないだろうか。私たちの意味においては、これらは決して思考的規定ではない。これらの概念を用いるのは、読者の目を思考以前の現実に向けていただくためだけである。これらの概念を経験に付与してはいない。何の概念も存在しない現実のあの形式に注意を向けていただくためだけに、こうした概念を用いている。

07-03 あらゆる学問研究は、言語を手段にして組み上げなくてはならないし、また言語は概念しか表現できない。しかし、事物が何らかの属性を持つことを述べるために言葉を用いるのと、読者の目をある対象に向けてもらうためだけに用いるのとでは、本質的な違いがある。比喩をお許しいただきたい。A 氏が B 氏に「家庭内にいるときの彼を観察するならば、職務中の彼だけを知っている場合とは、彼に対し本質的に異なる判断を下すだろう」という言い方と、「あの人は家庭では立派な父親だ」という言い方の違いである。前者では、B 氏の注意がある方向に向けられ、その人物を特定の状況で判断するようにしむけられる。後者では、その人物が持つ特定の性質が指摘され、主張されている。第一の例は本書の出発点に相当し、第二の例は同分野の類書の始まりに相当するだろう。文体上の必要から、あるいは強調のために、本書にも上述の原則からはずれたように見える箇所があるかもしれない。もしそうした箇所があったとしても、ここで先に、次の二点を明記しておく。つまり、ここでの論述は文脈に沿った意味だけを持つこと、さらには、事物に対して何らかの意見や主張をする意図はないことである。

■ 感覚に現われる現象

07-04 現実観察における最初の形式は、感覚に現われる現象[1]という表現が最も適切だろう。ここで言う感覚とは、外界を仲介

---

1 新版の注：「感覚に現われる現象」……すでにこの表現に、私が後の著作で述べる霊的（精神的）知覚が暗示されている。霊的（精神的）知覚については先の第 4 章末（44 ページ）の注で述べている。

する外部感覚だけではなく、直接に事実を知覚する際の仲立ちとなる肉体的精神的感覚すべてを指す。内的体験を知覚するための内部感覚という呼び名は心理学では一般的である。

07-05 さらに現象という語では、単純に、空間内あるいは時間内に現われる知覚可能な事物、あるいは出来事を表現する。

■ 経験の諸特性は思考にも当てはまるか

07-06 ここで私たちは、認識論を考察する上で避けることのできない第二の要因、つまり思考に話を進めていくための問いを立てなくてはならない。

07-07 これまで見てきた経験のあり方は、本質的にすべての経験に妥当するのだろうか。それとも、現実のある一部分が持つ性質なのだろうか。

07-08 この問の答は多くのことに波及する。もしこの経験のあり方が、経験的事物の本質的な性質だとすれば、まさに言葉の真の意味で事物に由来する特性だとすれば、(経験という) 認識のこの段階を克服する見通しはまったく立たない。その場合には軌道を修正し、知覚されるものを何の関連もなくメモし、そのメモの集成を学問としなくてはならない。経験という形式で現われる事物の真の特性が、完全なる孤立だとしたら、事物の関連など探求できるはずがない。

07-09 現実のこの形式 (経験) が非本質的で外面的なものであり、真なる本質を覆い隠していて、さらに私たちを本質の探求へと駆り立てるのだとしたら、事情はまったく違ってくる[2]。そう

---

2 新版の注:「現実のこの形式 (経験) が」……この論述は精神的に何かを観ることと矛盾しない。むしろ次の事柄が示されている。つまり、感覚知覚

だとしたら、この外面を突き抜けなければならないはずである。世界の真の（本質的な）性質を勝ち取るには、この最初の形式に留まっていてはいけない。そこからより高次な現象形式を発展させるべく、感覚に現われる現象を越えなくてはならない。…… この問いに対する解答は、以後の考察で明らかになる。

において事物の本質を捉えるには、知覚の背後にある本質へと進むべく、言わば知覚を突き破るのではなく、人間内に開示される思考的なものに戻る必要がある。

C 思考

第8章
思考：経験範疇内のより高次な経験

■ 思考には法則が現われる

08-01 関連のない混沌である経験の中には一つの要素がある。それは、まずは経験される事柄であるが、それでいて私たちを無関連性の中から救い出してくれる。その要素とは思考である。思考は、経験の範疇に入る諸事象の中で例外的な位置を占める。

08-02 思考以外の経験領域では、感覚知覚によって得られるものに留まるかぎり、個々の対象から一歩も出られない。液体が沸騰する様子を思い起こしてみよう。初めは静かな液体にやがて泡が立ちのぼるのが見え、動き始め、やがて蒸気になっていく。これらの知覚が一つひとつ順に現われる。諸情景をいろいろに見直すことはできるだろう。しかし、感覚によって与えられるものに留まるかぎり、諸事実間の相互関連は見つからない。しかし、思考の場合には事情が違ってくる。たとえば《原因》という考えを抱けば、その内容から必然的に《結果》という考えに導かれる。経験として現われてくるそのままの形式で思考を捉えれば、そこにすでに法則的規定が含まれている。

08-03 思考以外の経験領域では、そこに適用しうる何かを、つまり法則的な関連をどこからか借用しなくてはならないが、思考はそれを初めから内包している。思考以外の経験では、私の意識に現われる現象に、すべてが含まれてはいない。それに対し思考では、与えられたものの中にすべてがある。思考以外の経験では、核に至るには覆いを突き抜けなくてはならないが、思考では核と覆いが一体なのである。思考の現われ方が他の経験と同じように見えるのは、人間全般に見られる思い込みにすぎない。思考においては、この私たちの囚われを克服するだけでよい。経験の他の領域では、事柄そのものが内包する困難を克服しなくてはならない。

08-04 思考以外の経験では探す必要のあるものが、思考では直接の経験になっている。

08-05 ここに、他の方法では解決しえない困難を解決する鍵がある。経験領域に留まるというのは学問的に正当な要請だろう。しかし、経験において内的法則を見出すという要請もそれに劣らず正当である。したがって、この内的法則が、経験内の一地点において法則として現われていなくてはならない。これによって経験は、経験自身を助けに、深められる。私たちの認識論では、経験に留まるという要請を極限にまで高め、外から経験に何かを付与するという誘惑を一切排する。この認識論では、思考的規定は経験の範囲内にある。そして、その思考が経験として現われる様子は、他の経験と同じである。

■ 経験原則に則った学問の可能性

08-06 経験原則は、その適用範囲と本来の意味が誤認されている。その誤認が最も際立った形を取ると、「現実世界に存在する諸対象を、(思考などを加えず) 現われた最初の形式で受け止め、その諸対象のみを学問の対象にする」という要請になる。これは純粋に方法論的な原則である。しかし、そこで体験される事柄の内容については、何も言っていない。物質主義は、感覚知覚だけが学問の対象たりうると主張するが、この主張は上述の原則に依拠しえない。内容が感覚的であるか理念的であるかについて、経験原則は何の判断も下さないからである。経験原則を何らかの状況で上述の最も厳格な形式で適用するとき、そこにはある前提条件がある。つまり対象が、経験に現われるままで学問的探求にふさわしい形式でなくてはならないのである。すでに見たように、外的感覚による経験では、この前提は成り立たない。これが成り立つのは思考においてだけである。

08-07 思考においてのみ、経験原則を最も厳格に適用しうる。

■ 他の経験領域への思考の応用

08-08 とは言っても、この原則を思考以外の世界に拡張することが妨げられるわけではない。最も厳格な形式以外の形式もある。直接の知覚だけでは学問的に扱いえない対象であっても、経験の他の領域から必要な手段を借用し、それによってその対象を学問的に説明することができる。この場合でも、あらゆる経験という領域を踏み越えてはいない。

08-09 ゲーテの世界観を基盤にする認識学では、経験原則に完全に忠実であることを最も重視している。いかなる場合にもこの原則が成り立つことを、ゲーテほど認識していた人物はいない。私たちが上述のように要求したのと同じくらい、ゲーテはこの原則を厳格に貫いた。自然に対するより高次の洞察も、彼には経験以外のかたちで現われることはありえなかった。それは、「自然内のより高次の自然」[1]と表現された。

08-10 ゲーテは『自然』という論文で、私たちは自然から出ることはできないと述べている。この言葉を踏まえた上で自然そのものを明らかにしようとするなら、自然の中にその解明手段を見つけなくてはならない。

08-11 あらゆる学問にとっての基本要素である理念的な法則性、もしそれを経験自体内のどこにも見出せないなら、経験原則に基づく認識学は築きえない。上述のとおり、私たちはこの要素を受け取りさえすればよい。ただ、その深みに入り込みさえすればよいのである。なぜなら、この要素も経験内に見出されるからである。

■ 思考において意識されるのは完成品か生成途上か

08-12 思考が私たちの個に意識される際のその現われ方には、前述の議論で完全に正当であるとされた諸特性が当てはまるだろうか。この点に注意を向けると、思考は、感覚界の外的現象や思考以外の精神活動とは本質的に異なった現われ方をすることがわかる。思考以外では、何らかのできあがったものを前にしていると明確に自覚する。できあがったというのは、私たちがそこに何の規定的な影響を与えなくとも現象化しているという意味である。しかし、思考では事情が異なる。それ以外の経験と同じように見えるのは、その最初の瞬間だけである。何らかの考えを把握するとき、その意識への現われは非常に直接的なので、私たち自身がその出現に密接にかかわっていることがわ

---

1 ゲーテ『詩と真実』第3部、第11巻

かる。突然の思いつきの場合、その現われは目や耳が仲介する外的事象と同じであるが、それでも私には、最低限、その思いつきの現われる場が私の意識であることがわかっている。思いつきの出現には、とりあえず意識における私の活動が不可欠であることがわかる。いかなる外的対象においても、私の感覚に向けられているのは対象の外面だけであることが私にはわかる。考えの場合には、私に向けられているのがその外面だけではなく、そのすべてであり、完結した全体であることが、白日のもとにわかる。感覚対象では常に前提とせざるを得ない外的駆動力、それは思考にはない。感覚現象はできあがったものとして現われるとせざるをえないので、常にその生成を想定しなくてはならない。しかし考えでは、私の活動なしにはそれが生成しえないことは完全に明白である。考えが何らかの意味を持つとするなら、最初から最後まで考え抜き、その内容を追創造し、細かな諸部分まで内的に共に生きなくてはならない。

08-13 ここまでで、以下の真理が得られた。外界を考察する際の第一段階では、あらゆる現実が無関連な集合体として現われるし、思考もこのカオスにある。この多様なるものを見渡すとある部分が見つかり、さらにその中には他の領域では後に獲得する必要のある事柄が最初の出現形式に現われている。その部分とは思考である。直接的出現という形式は、他の経験では克服されなければならないが、思考ではそこが重要なのである。現われた本来の姿に留めておくべきこうした現実要素が、私たちの意識内には存在する。そしてその現実要素に対しては、私たちの精神活動によってそれが出現するというかたちで結びついている。一つの事柄を二つの面から見ている。この事柄とは世界の思考内容である。一方でそれは、私たちの意識の活動であるし、他方ではそれ自体で完結した法則性の直接の現われ、自己規定的な理念内容の直接の現われである。このどちらが重要かは、追って明らかにされる。

08-14 私たちは思考内容の内側に居て、そのあらゆる構成要素に入り込むので、思考内容の最奥の本性を認識できる。思考内容の現われ方そのものを見れば、思考には先に検討した諸性質が保証されている。したがって、思考は出発点として、他のあらゆる世界考察の役に立つのである。思考ではその本質的特質を思考そのものから引き出すことができる。しかし、他の事物の本質的特質を知ろうとするなら、まず思考を探求しなくてはならない。より明確に述べよう。真の法則、つまり理念的規定は思考内だけでしか経験できない。したがって、他の領域において経験不可能である法則も、思考内に含まれていなければならないはずである。さらに言い換える。

> 経験という範疇において、感覚に現われる現象と思考とが対置している。感覚に現われる現象はその本性を明かさないが、思考は、思考自身を、そして感覚に現われる現象を解明する。

第9章
思考と意識

■ 反論：思考に現われる法則は主観にすぎない

09-01 私たちは極力、主観主義を避けてきた。ところがここでは、私たちの認識論が主観主義に陥っていると見られる可能性がある。これまでの論述からも明らかであるが、思考を除く知覚世界には主観的要素はない。しかし、私たちの見解にあってすら、考え[1]には主観性があるように見えるかもしれない。

09-02 考えが現われる舞台と、内的法則性を持つあの要素とを混同すると、こうした反論が生じる。ある思考内容が作り出される過程において、考えの結びつきを決めているのは決して私たちではない。私たちは、思考内容が*その本性に沿って*展開しうる機会を提供しているだけである。*a*、*b* の二つの考えを相互に作用させ、両者が法則に従って結合しうる場を提供している。*a*、*b* 間にある所定の結びつき方を*決める*のは私たちの主観的機構ではない。*a*、*b* の*内容だけが決定要素である*。*a*、*b* が特定の関係にあり、まさにそれ以外ではないという点に、私たち

1 訳注（再掲）：原則として「思考」は Denken、「考え」は Gedanken の訳語である。前者は思考活動としての意味合いが強く、後者は完了形の名詞化であり、考え出された結果のニュアンスが強いと考えていただけるとよい。

は微塵の影響も与えていない。私たちの精神は、その内容だけを指針に思考群をつなげ合わせる。したがって、思考においては、経験原則が最も厳密な形式で成り立っている。

09-03 カント、ショーペンハウアー、意味をやや広げればフィヒテも次のような見解である。

> 世界を説明する諸法則とは、私たちの精神的機構の産物にすぎない仮定であり、それを個の精神的能力によって外界に当てはめているだけである。

しかし、上述の考察がこの見解を反証している。

■ 反論：思考内容自体が主観的

09-04 主観主義の立場からは次のような反論もありうるだろう。考えと考えを結びつける法則的関連が私たちの精神的機構によって作り出されるのではなく、その考えの内容に依拠しているとしても、この内容自体が純粋に私たちの主観の産物、私たちの精神の質にすぎない、つまり、自分で作った諸要素を自分で組み合わせているにすぎないという反論である。そうだとすれば、私たちの思考世界は、主観の投影以外の何ものでもないはずである。しかし、この反論は簡単に覆せる。この反論が正しいとすれば、私たちは、諸法則に従って思考内容を結びつけてはいるものの、この諸法則の由来はわからないことになる。この諸法則が私たちの主観から生じるのではないことはすでに示したし、ここでもそれを確認した。そうだとしたら、私たち自身に由来するとされる内容を生み出す際に、その結合法則をどこから取って来ているのだろうか。

09-05 つまり私たちの思考世界は、完全にそれ自体で成り立ち、自己完結的で、それだけで完全なる全体なのである。ここで、思考世界が持つ二面性のどちらが本質的かがわかる。つまり、その内容の客観性が本質的なのであり、登場舞台の主観性は本質的ではない。

■ 対ヘーゲルにおける主観客観の混乱

09-06 思考が持つ内的な堅実性や完全性を、最も明確に洞察しているのはヘーゲルの哲学である。思考自身を基礎に世界観を確立できる、それほどまでに思考の完全なる力を認めたのはヘーゲルだけであった。ヘーゲルは思考に絶対の信頼を置いた。そう、唯一の現実要素として、彼が言葉の真の意味で信頼したのは、思考であった。しかし、一般的には彼の見解が正しいにしても、思考をあまりに極端な形式で擁護してしまったために、思考の地位を危ういものにしてしまったのも、ヘーゲル自身なのである。彼があまりに極端に自説を表現したがために、「思考についての思考」という泥沼に陥ってしまった。彼は考えや理念の意味をわかりやすくしようとせんがために、思考的必然性が同時に諸事実の必然性であるとした。しかしそれによって彼は、「思考による規定は純粋に理念的なものではなく、実体的なものでもある」という誤解を生じさせてしまった。人は彼の見解を、あたかも彼が感覚的現実の中に、感覚的事物だけでなく思考までをも探していると捉えてしまった。ヘーゲル自身もこの点はそれほど明確には語らなかった。思考の場は人間の意識のみである点をはっきりさせておくべきだった。その上でさらに、思考が現われるのが意識であるにしろ、それによって思考世界の客観性が失われることはないと示すべきだった。ヘーゲルは、考えの持つ客観性のみを強調し、多数派は、よりわかりやすい側である主観性だけを見た。そして、ヘーゲルが純粋に理念的なものを物体のように扱うのを見て、不信感を抱いたのである。現代の学者ですら、多くがこの誤謬に囚われている。それゆえヘーゲルには欠陥があると批難する。しかし、実際にはヘーゲル自身にそうした欠陥はない。ただ、ヘーゲルがこの事柄について非常にわずかしか語っていないので、学者たちは、その欠陥の責任をヘーゲルに押しつけているのである。

■ 思考世界は万人に対し唯一

09-07 この地点で難しい判断を迫られることは私たちも認める。しかしこの困難は精力的思考によって克服できるとも思っている。つまり、次のように二通りに考える必要がある。

1. 理念世界は私たちの活動によって出現する。
2. その活動によって出現するものには、それ自体の法則がある。

私たちは、現象とは私たちが受け身でも観察対象として目前に存在すると習慣的に考えている。しかし、これはどうしても必要な要件ではない。客観的なものを私たち自身の活動によって出現させる、言い変えれば、ある現象を単に知覚するだけでなく、それを同時に生産しているという考えは、どれほど馴染みのないものであろうと、決して不合理ではない。

09-08 まず単純に、「人間の数だけ思考世界がある」という一般的な考え方をやめる必要がある。これは古くからの偏見にすぎない。別な考え方も同等に可能なこと、本来個々の考え方の有効性を基盤から検証すべきであること、そうした点は意識されず、上の考え方があらゆるところで暗黙の前提になっている。この見解の代わりに、いったん次のように考えてみよう。

思考内容はただ一つ存在し、私たちの個々人の思考とは、
人格的な個として世界の思考中心に入り込む作業である。

この場は、この見解の是非の検討には適切ではない。しかし、これは可能な見解であるし、それを示したので、私たちの所期の目標は達成した。つまり、私たちが必要不可欠としている思考の客観性も、私たちに敵対する考えと同程度に無矛盾であることが示された。

09-09 ここで取り上げた客観性という面では、思考での作業を技術者の作業に準えることができる。技術では自然の諸力を相互に関連させ、意図した機能や動力を実現する。それと同様に、思考する人間は、一群の考えを活き活きと相互に関連させ、それを学問的思考体系にまで発展させるのである。

■ 反論：思考内容同士の結合は強制による

09-10 ある見解を明確にするにあたっては、対立見解の誤りを指摘することもよい方法である。ここでもまた、その方法の利点を活用したいと思う。

09-11 諸概念をより大きな複合体にまとめていく際の根拠、私たちが特定の成り行きで思考する根拠について、一般的な見解がある。それは、「そう仕向けられるある種の内的（論理的）な強制を感じるから」というものである。フォルケルトもこの立場である。私たちの思考世界全体は意識に現存するが、そこでの透徹したクリアさと上の見解は折り合うのだろうか。自分にとって、自分の考えほど正確にわかっているものはない。これ

ほどまでにすべてがクリアな思考において、何らかの内的強制が思考同士を関連づけていくなどと、どうして言えるのだろうか。これから結びつけようとするものの本性をとことん知り、私自身がその本性と向かい合うなら、どこでそのような強制が必要なのだろうか。あらゆる思考操作は、考えの持つ諸本性を洞察することで進められるのであって、基準を強制されることによってではない。そのような強制は、思考の本性とは相容れない。

09-12 出現と同時にそこに内容も刻み込まれているのが思考の本質であるにしろ、私たちの精神的機構の能力的限界がゆえに、その内容を直接には知覚できないという可能性も考えられる。しかし、現実にはそうではない。思考において私たちが事物の本質を手にしていることは、思考内容が現われる様子が保証している。思考世界での一歩一歩の成り行きを、私たちは、自らの精神と共にたどっていると自覚している。さらには、現象の形はその事柄の本質が決めているとしか考えられない。どうしたら、事柄の本質を知らずして現象の形を再創造できるのだろうか。できあがった全体としてまず現象の形と出会い、その後でその核を探すという可能性は考えられる。しかし、現象の出現にかかわりながら、その核にはかかわっていないなどとは決して考えることはできない。

第10章
思考の内的本性

■ 思考を他の経験から切り離して考察する

10-01 思考にもう一歩踏み込んでみよう。これまでは、思考を他の経験との関係で考察しただけである。そこでわかったのは、思考が経験の中で特別な位置を占めること、またそこで中心的役割を担っていることであった。ここで視点を変えてみよう。つまり、思考の内的本性だけを考察する。ある考えと別な考えの依存関係や、考え同士の相互関係などがどうなっているのかを知るために、思考世界そのものの特徴を調べる。なぜなら、それを行なってはじめて、「認識とはいったい何か」という問いに答える準備が整うからである。言葉を換えれば、「現実世界についての考えを作り上げるとはどういうことなのだろうか」。また、「思考を通して世界とかかわるとはどのようなことなのだろうか」。

■ 誤った固定観念：概念とは外界の写し

10-02 まず、いかなる先入観も避けなくてはならない。概念（考え）とは、意識内の像であり、その像の仲介で意識外の対象物について理解するというのも、そうした排除されるべき先入観の一つである。ここでは、この種の前提はとらない。考えというものを、現われるがままに受け止める。考えが他の何と関連しているのか、またどのように関連しているのかなどを調べたいと思う。したがって私たちは、上の先入観をここでの出発点にしてしまってはいけない。概念と対象（物）の関係についての上述の先入観は、至るところで見られる。「概念とは精神外の対象物に対応する精神的像である」と定義までしている。概念は事物を映すべきものであり、事物の精確な写真を提供すべきだとされている。思考についての議論では、しばしばこの先入観だけが考えられている。考えの王国本来の領域を全体的に見渡し、そこで生起する事柄を見ようとする者などほとんどいなかったのである。

10-03 思考世界の探求に当たって、思考世界以外には何も存在せず、すべての現実が思考だけで成り立っていると想定してみよう。しばらくの間、思考以外の世界には完全に目をつむるのである。

10-04 カントに立脚するさまざまな認識論研究では、上述のことをきちんと行なってこなかったし、それが学問に多くの禍根を残した。そうした怠慢のために、認識論は、ここで目指すものと正反対の方向をとってしまった。こうした学問的方向では、その基盤からして、ゲーテを決して理解できない。それらの出発点は、観察されもしない主張であり、それどころか観察を捏造し、徹頭徹尾非ゲーテ的である。しかし、乱暴にも次のような見解を学問の頂点に据えてしまっている。

> 概念とは、思考と現実、理念と世界との間で、意識内に存在する像として、意識外の対象物を意識内に仲介する。

それに対し、まず思考それ自体の本性を深く探求し、次にその本質に沿って認識された思考と、他の経験との結びつき方を見るというのがゲーテ的である。

10-05 ゲーテは常に経験という道を厳格に守っている。対象を、まずあるがままに捉え、主観をできるだけ差し挟まないようにしながら、対象の本質に入り込もうとする。ゲーテは特徴的な状況を作り出し、自然の法則がそこに現われるように試みる。言わば、自然法則そのものに語らせる。

■ 思考世界は、有機的、法則的、統一的

10-06 思考そのものを観察したら、どのような姿を見せるだろうか。それは多数の考えの集合体で、それらは互いに多様に織りなされ、有機的につながっている。しかし、あらゆる面から十分に調べると、これは多数ではあるが、調和的統一体としての姿も見せる。個々の部分が互いに関連し、互いが互いを支え合っている。あるものが他を修飾し、あるいは他を限定するなどである。私たちの精神が、対応する二つの考えを思い描くと、両者が流れ込み一体になることがすぐにわかる。思考領域の中で、同じ類に属するものをいくらでも見出せる。この概念はあの概念につながり、第三のものが第四のものを説明したり、あるいはその根拠となったりする。たとえば、《有機体》という概念を意識にのぼらせると、表象界を隅々まで探しまわり、二つ目の思考内容《法則に則った発展、成長》を見つける。するとただちに、この二つの思考内容が本来同じもので、それを二つの面から見ていることがわかる。そしてこれは、私たちの思考体系全体に当てはまる。あらゆる個々の考えは、概念世界と呼ばれるある大きな全体の一部なのである。

10-07 意識の中に何か単独の考えが現われると、思考世界で納まるべきところに納まるまで、私は落ち着かない。私の精神の届かぬところにある異例概念などは耐え難いのである。考えの総体には内に基礎を持つ調和があり、また思考世界が一体的であることを私は知っている。それゆえ、そうした隔離されたものはすべて、自然に反し、真実に反する。

10-08 思考世界全体に完全な内的協調がもたらされると、私たちの精神が求める充足感が得られる。こうして、真理に達したと感じる。

■ 感覚印象がなくても概念世界は有意味か

10-09 私たちが持つ概念総体には徹底した相互調和があるという真理を知ると、どうしても以下のような疑問が生じる。

可視的現実、感覚的現象世界を無視しても、思考には内容があるのだろうか。感覚的印象をすべて排除したら、完全なる空虚、純粋な妄想しか残らないのではないか。

10-10 実際、感覚印象なしでは思考は空虚であるという考えが主流なので、この点を詳しく見ていこう。概念体系全体は外界の写真にすぎないという考えが主流であることはすでに述べた。知が思考という形式で発展するという点は確実なものとして了解されているが、知の内容は、《厳格に客観的な学問》においては、外界からしか得られないとされている。外界が、概念に流し込むべき素材を提供しているはずだと言う[1]。外界なしの

---

1 J・H・フォン・キルヒマンは『知識の学（哲学的著作の研究の導入として）』（ライプツィヒ、1878 年）の中で、認識とは私たちの意識への外界の流入であるとさえ言っている。

概念とは、何の内容も持たぬ空の器にすぎないと言う。概念や理念は外界に沿って存在するから、外界が欠落すればそれらは何の意味も持たないと言うのである。この見解は、概念の否定と呼べるだろう。なぜなら、概念が客観的には何の意味も持たないからである。概念は、外界のつけ足しにすぎない。概念がなくとも世界は完璧なかたちで存在すると言う。なぜなら概念は、世界に対し、何の新しいものも付け加えないからである。概念がなくとも、世界のすべてが同様に存在する。すでに確たる存在根拠を持つものを認識的主観にふさわしい形式にするためだけに、概念は存在すると言う。認識的主観にとって概念とは、非概念的性質を持つ内容を仲介する働きしか持たない。以上がここで取り上げた見解である。

■ 三つに場合分けして考察

10-11 もしこの見解に根拠があるとするなら、次の三つの前提のうち、どれか一つは正しいはずである。

1. 概念世界と外界の関係とは、外界の内容全体を概念世界が別の形式で写し出しているにすぎない。
2. 概念世界の内容は、《感覚に現われる現象》の一部だけである。
3. 感覚的には知覚不能、かつ自身内に存在根拠を持つ何らかの存在があり、その存在を把握する際に概念が仲介をしている。

▪ **1.** 経験と思考が完全に対応

「概念世界と外界の関係とは、外界の内容全体を概念世界が別の形式で写し出しているにすぎない」という可能性を検討しよう。ただし、ここで言う外界とは感覚世界のことである。これが正しいとするなら、感覚世界を越える必要はなく、どこにそうする必然性があるのか理解できない。認識に必要なすべてが、感覚世界の中に与えられているのだから。

■ **2.** 経験の一部が思考に対応

「概念世界の内容が、《感覚に現われる現象》の一部だけである」という場合はどうだろうか。次のように考えてみよう。一連の観察を行なったとしよう。私たちはそこで種々の対象と出会う。ある対象が持つ特徴を、以前にも見たと気づく。そして一連の対象 A、B、C、D を詳しく見ると、それぞれに（小文字で示した）諸特性が見つかる。

A： $\mathbf{p}$、q、$\mathbf{a}$、r
B： l、m、b、n
C： k、h、c、g
D： $\mathbf{p}$、u、$\mathbf{a}$、v

である。D では、A で出会った $\mathbf{a}$、$\mathbf{p}$ という特徴と出会う。これらの特徴が本質的であるとしよう。すると、A、D の両者が本質的特徴を持つので、私たちはこの両者を同種と呼ぶ。このように、思考内で両者の本質的特徴を捉えることで、A と D を一つにまとめる。ここでの思考は、感覚世界を完全にはカヴァーしていないので、1. で批難された思考の過剰性は当てはまらず、しかも感覚世界に新規に何かを付け加えてもいない。これには以下のように反論することができる。事物のどの特徴が本質的かを認識するためには、それ以前に、本質的なものと非本質的なものを区別する何らかの基準が必要である。対象では本質的なものと非本質的なものが不可分に一体になっているのであるから、基準は対象の中にはありえない。したがってこの基準は、思考独自の内容と言わざるをえないだろう。

しかしこの反論では、前述の見解を完全に覆すには至らない。次のようにも言えるからである。

> 何が本質的で何が非本質的かなどというのは不当な仮説である。私たちはそのようなことは問題にしない。重要なのは、同じ性質がいくつもの対象において現われることであり、それが成り立つとき、これらの対象を同質と名づける。この共通の性質が、本質的でもあるかはまったく問題にしない。

しかし、この見解の前提は事実に反する。感覚による経験に留まるとしたら、同類の二つの事物であっても、真に共通なものは何もないのである。例を挙げるとわかりやすいし、見通しをよくするためには最も簡単な例がよいだろう。次の二つの三角形を観察してみよう。

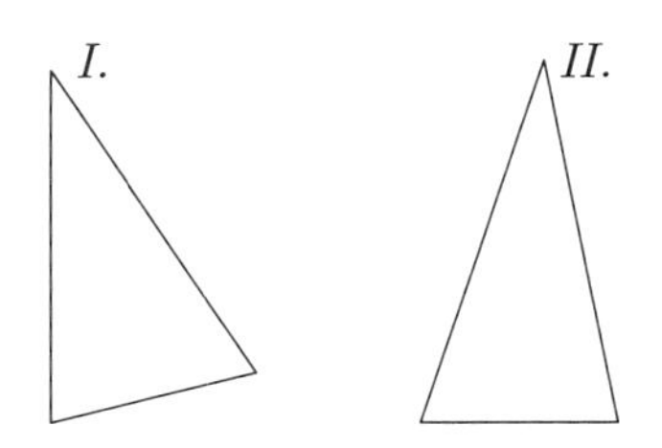

感覚経験に留まるとしたら、この両者でいったい何が同じなのだろうか。同じものなど何もない。両者が共通に持っているもの、それは法則である。これらの図形を形成する法則であり、二つの図形を《三角形》という概念のもとに置く際の法則であり、感覚経験を越えてはじめて獲得される法則なのであ

る。《三角形》という概念は、すべての三角形を包括している。個々の三角形をすべて観察しても、三角形の概念は得られない。三角形を何回イメージしても、この概念自体は不変であるが、まったく同じ《三角形》を二度見ることはまず不可能だろう。さらには、一つの三角形が紛れもなく《この》三角形であると規定するに当たっては、概念は何の役にも立たない。ある特定の三角形がまさにこの特定の三角形であることの根拠は、これが《三角形》という概念に当てはまるからではない。そうではなく、概念とはまったく別な要素、つまり辺の長さ、角の大きさ、向きなどによって決まるのである。しかし、三角形概念の内容が、感覚的現象には決して存在しないことを知った以上、《三角形》概念の内容が客観的感覚世界に由来するという主張はまったく受け入れられないだろう。

■ **3.** 思考が不可知な原因を仲介

「感覚的には知覚不能、かつ自身内に存在根拠を持つ何らかの存在があり、その存在を把握する際に概念がその仲介をしている」という可能性を検討しよう。この存在とは、内容は捉えられないが、捉えうる形式を持つ存在である。経験可能領域外に存在を仮定し、しかもそれを知りうると言うのだったら、必然的に、この知の仲介は概念が行なっていると見なさなくてはならない。

この見解の不備は別なところで指摘する。ここではこの見解が、概念世界には（感覚世界にはない）内容があるという点に対し、反論してはいないことだけに着目する。経験も思考も超えた対象を想定するなら、なおのこと思考は、自身を支える内容を自らの内に持っていなくてはならないはずである。そもそも、思考世界内に何の痕跡も残さない対象について思考することはできない。

■ 思考世界はそれ自体で内容を持つ

10-12 いずれにせよ、思考は内容を持たない器ではなく、純粋にそれだけを取り出しても内容に満たされていて、またその内容は他の現象形式では代替できないという点は明らかだろう。

D 学問

第11章
思考と知覚

■ 知覚だけでは認識は完結しない

11-01 学問の内容は、知覚された現実と思考によって捉えられる概念であり、その概念には隅々まで思考が作用し尽くしている。精神の活動によって、単に可能性として闇に埋もれていたものが明るみに出される。その明るみに出されたものが、学問において、受動的に手に入れた感覚的なものを補い、また深める。そのためには、「知覚とは最終的かつ究極的なものではなく、それ自体では完結していない」、また「知覚は精神による補完を必要とする」ということが前提となる。

11-02 現代学問の根本的な誤謬は、感覚知覚をそれ自体で完結し、完成したものと見る点である。この誤謬ゆえに、自己完結的存在とみなされるものを写し取ることだけが、学問的課題とされてしまう。一貫してこの立場をとり、知覚という一線を決して踏み越えないというのが実証主義である。そして今日、ほとんどの学問分野がこれを正当と見なしている。しかし、この観点を全面的に受け入れるなら、学問とは単に、空間内に並ぶ事物や時系列で生じる出来事を数え上げ、描写することとなる。旧来の博物学はこの要求に最も適う。近年の博物学でも同じことを要求し、経験にまつわる周到な理論武装をしているが、学問の実践段階になると、ただちにこの（経験だけに留まるという）理論を踏みにじっている。

■ 知覚に思考が加わり認識が完結する

11-03 純粋経験だけを認めるというなら、思考を完全に放棄しなくてはならないはずである。感覚からは得られない本質を捉えるという思考の可能性を否定するなら、思考を過小評価している。現実の中には、感覚的な質だけではなく、思考によって把握される要素がある。感覚で得られるもの以上に高次なものを観察するという役割を持った器官が思考なのである。思考において、感覚経由では決して経験できない現実の一面に迫る。知覚されたことの反芻ではなく、感覚では捉えられないところに入り込んでいくために思考は存在する。感覚知覚を介しては、現実の一つの面だけが得られる。そして、もう一つの面は、思考による世界把握である。さて思考は、現われの最初の瞬間においても、知覚とはまったく違った質を見せる。知覚は外側から向かってくる。思考は私たちの内側から活動する。こうして生じる思考内容は、それ自体の内で完全に有機的につながっていて、そのすべてが厳密に関連している。思考体系において、各部分は相互に規定し合っている。どの一つの概念をとってみても、私たちの思考構造体という全体を基盤にしている。

11-04 一見すると、思考の持つ内的無矛盾性や自己充足性から、思考は知覚に結びつかないように思える。もし仮に思考による規定がただ一通りであるとしたら、実際、思考は自己完結するはずである。私たちは思考から一歩も出られない。しかし、もちろんそうではない。思考による規定は、十分に多様でありうる。ただ、この多様性の原因となる要素は、思考の中には見出しようがない。「地球はあらゆる物体を引きよせる」という思考的規定を例にしよう。するとただちに、この思考内容が、さまざまな実現可能性に対しオープンであることがわかる。しかもこの多様性は、もはや思考のあずかり知らぬ事柄である。ここが思考以外の要素が入り込む余地である。そして、この要素とは感覚知覚である。感覚知覚は思考的規定をそうしたやり方で特殊化するし、思考的規定も感覚知覚に対して開かれている。

11-05 単に経験に没頭しているとき、私たちはこの特殊化を行ないつつ世界と向かい合っている。後に起きている事柄が、心理的には先に起きているように感じられている。

11-06 現実を学問的に捉える際には、いつでも次のような成り行きになる。まず、具体的な知覚と向き合う。知覚は謎として目の前にある。知覚では明かされることのないその本質、その本来の何か、を捉えようとする探求衝動が私たちの内に生じる。この衝動とは、ある概念が意識の暗がりから立ちのぼり、動き始めることに他ならない。感覚知覚と思考過程が並行している間に、私たちはこの概念を掴み取る。何も語らなかった知覚が、突然、理解可能な言葉を語り出す。掴み取った概念が、求めていた知覚の本質であると私たちは認識する。

■ 概念判断と知覚判断

11-07 ここで行なわれているのは一つの判断である。判断には知覚とは無関係に概念同士を結びつけるタイプのものもあるが、これはそれとは異なる。「ある存在が自己自身の内から自己を規定するとき、それが自由である」というのは一つの判断である。この判断での各部分は概念で、それは知覚から得られたものではない。そうした判断の根拠は、思考の内的統一性であり、それについては前章で考察した。

11-08 今問題にしている判断では、主語に当たるのが知覚で、述語が概念である。「目の前にいるこの動物は、犬である」。こうした判断の場合には、知覚が、思考体系のある特定の位置に組み込まれる。このような判断を知覚判断と呼ぶ。

11-09 ある特定の感覚的対象をその本質に従ってある特定の概念と結びつけるのが、知覚判断である。

■ 知覚判断では概念が先行

11-10 知覚をきちんと捉えるためには、知覚に対応する概念が私たちの内に事前に作られていなければならない。対応する概念を持たない対象物と出会っても、私たちはそれを理解できずに見過ごしてしまう。

11-11 精神の営みが豊かな人は、そうでない人よりも経験世界にずっと深く入り込むことができるという事実が上述の事情を証明している。後者には何の痕跡も残さず過ぎ去ってしまうものであっても、前者には深い印象を与えうる。（「目が太陽的でないとしたら、目は太陽を決して見ることができなかったであろう」。）しかしここで、次のような反論もありうるだろう。「以前には概念すら持たなかった事物との出会いなどは、人生において何回もあるだろう。そのときには、その場で対象の概念を作っているのではないか」。確かにそのとおりである。けれども、これまでの人生で形成してきた概念総体と、可能性として存する概念総体とは質も量もまったく同じだろうか。私の概念体系には発展の可能性はないのだろうか。まだ理解していない現実と向かい合ったときに、思考を働かせ、まさにその場その時に、ある対象物に対応すべき概念を作り上げることはできないのだろうか。このとき私に必要なのは、背景にある思考世界から特定の概念を浮かび上がらせてくる能力だけである。ポイントは、それまでの人生で、ある特定の考えを意識にのぼらせたことがあるかではなく、思考世界で手の届く範囲にあるものから、考えを導き出せるかなのである。思考内容にしてみれば、私がそれをいつどこで把握するかは本質的な問題ではない。すべての思考的規定は、思考世界から取り出される。その内容には感覚から得られるものは何も入り込んでいない。感覚対象の中に、私の内面から引き上げた考えをもう一度見る。感覚対象とは、ある瞬間に、あらゆる可能な考えを秘めた統一体から、まさにその思考内容を引き出すきっかけにはなる。しかし、それが思考内容を構成することは決してない。この構成要素は私自身の内から取り出されなくてはならないからである。

■ 世界の意味は思考において開示する

11-12 思考を働かせたときにはじめて、真の規定が与えられる。無言であった現実が、はっきりと言葉を語る。

11-13 思考は、経験の振る舞いに意味を与える通訳なのである。

■ 普遍である概念を感覚知覚が特殊にする

11-14 概念世界は空虚で無内容なもの、知覚は内容豊富で完全に規定されたものという対比が当たり前とされている。そのために、真相把握が困難になってしまった。単なる感覚的観照だけでは完全に虚無で、思考が加わってはじめてそこに内容が与えられることに人は気づかない。これに関する唯一の真相は次のとおりである。絶えず流動的である思考に、感覚的観照が、私たちの積極的関与を必要とせずに、特定の形を与える。同じものを見ても、精神的に貧しい者は何も見て取れず、豊かな者は無数のものを見て取る。このことは、現実とされるものの内容が、私たちの精神内容の写しに過ぎず、外からは空の型しか受け取っていないことを証明している。当然ながら、この内容の生産者が私たち自身であることを認識する力を、私たちは内に持っているはずである。そうでなければ、私たちは永遠に鏡像の方を見るだけで、その像の基となる私たちの精神を決して見られない。実際に鏡を見る場合でも、鏡像としての自分を自分として再発見するためには、自分を個として認識していなくてはならない。

11-15 あらゆる感覚的知覚は、その本質に従って、最終的には理念的内容と合流する。そうなってはじめて、感覚知覚は明晰に見通される。多くの学問はこの真理を意識することすらない。思考的規定も、色や匂いなどと同様、対象物の持つ特徴だと見なされている。たとえば「静止あるいは運動しているすべての物体は、外的影響による変化を受けないかぎり、その状態に留まる」という規定がある。人はこの規定があらゆる物体の性質であると信じている。自然科学での慣性の法則はこの形式で記述される。しかし、真相はまったく違う。私の概念体系において、物体という考えはさまざまに変化しうる。物体という考えの中には、自分から動いたり止まったりできるものという概念もあるし、外的影響を受けたときにだけその状態を変化させるものという概念もある。そして私は、後者を非生命的とする。ある特定の物体が眼前に現われ、その知覚像が上述の後者の概念規定に対応しているとき、私はその物体を非生命的とし、さらには非生命的という概念に結びつくあらゆる規定を、《慣性》も含めそこに結びつけている。

11-16 学問の内容は思考内容以外にはありえないし、学問と知覚の関係は、普遍概念が知覚対象との出会いによって特殊形をとるという関係に尽きる。本来、あらゆる学問がこれを確信していなくてはならない。

第12章
悟性と理性

■ 思考の二つの課題、識別と統合

12-01 思考には二通りの課題がある。第一は明確な輪郭を持つ概念を作ること、第二は悟性が作った個々の概念を統一的全体にまとめることである。つまり、第一の場合は識別が、第二の場合は結合が中心である。この二つの精神的能力は、学問において、必ずしも同等には育てられてはいない。ごく微細な差異まで識別する鋭い感覚を持つ人は多いのに対し、本質の深みにまで至る統合的思考力を与えられた人はごくわずかである。

■ 悟性とは識別する力である

12-02 事物を精確に識別すること、それがまさに長い間、学問的課題とされてきた。ゲーテ時代の博物学はそれに当たる。リンネにとっての理想の博物学とは、個々の植物の相違を精確に見極め、微細な相違点を見つけ、それによって新種や亜種を同定することであった。二つの動植物（種）に相違が見られると、その差異がまったく非本質的であっても、即座に異種とされた。人間の都合で恣意的に決めた種の基準に合わない個体を見つけると、その相違点が種の特徴からどのように説明されるかなどとは考えず、それを簡単に新種としてしまっていた。

12-03 こうした識別は悟性の役割である。分析し、その分けたものを概念として固定することが、その働きである。これは、より高い学問性のために、前段階として不可欠である。まず、明確な輪郭を持つ確定された概念が作られなくては、個別な概念を包括する統一的調和は得られない。しかし、識別の段階に留まっていてはいけない。事物は悟性によって切り離され、個別化されるが、事物を調和的統一として捉える本質的要求が人間にはある。悟性は分ける。つまり、原因と結果、機械と生体、自由と必然、理念と現実、精神と自然等々である。こうした識別はすべて悟性が行なう。この識別作用は不可欠で、もし悟性による識別がなければ、世界は輪郭もなく、ぼんやりとした暗き混沌にしか見えないだろう。しかしこの混沌は、それがまったく不確定のものであるがゆえに、統一体に見える。

12-04 悟性は、こうした分離を克服できない。悟性は、分けられた各部をしっかりと捉えるだけである。

■ 悟性への感情的反発

12-05 悟性を越えるのが理性の役割である。理性は、悟性が作り上げた諸概念を相互に行き交わせる。悟性によって厳格に識別されたものが、本来は内的統一を持つ全体であることを、理性が示す。識別とは便宜的で、認識にとっては不可欠な通過点であり、終点ではない。現実を単に悟性的に捉えるだけでは、かえって現実から離れてしまう。現実とは真実としては一体であるが、悟性はその現実をその本質とは関係なく人工的な多様体に置き換えてしまうのである。

12-06 これが原因で人は、悟性的な学問に対し心情的違和感を持つ。多くの人間では、事柄をまず概念的な明晰さで捉え、さらにそれを統一的な世界観にまでまとめるという思考力は育っていないが、世界全体という内的調和に、感情によって入り込むことはできる。学問的教養を持つ者には理性が与えてくれるものを彼らは心で受け取っている。

12-07 そうした人が世界に対する悟性的な観方と出会うと、この無数の多様性を軽蔑しつつ排除し、認識はできないにしろ、大なり小なり生き生きと感じる統一性に留まろうとする。悟性が自然から乖離し、現実の各部を束ねている精神的な絆を見落としていることを、彼らは見抜いている。

■ 理性は分離されたものを統合する

12-08 理性は私たちを再び現実へ連れ戻してくれる。存在の統一性とは、それまでは感情、あるいは単なる予感に過ぎなかったが、理性はそれを完全に洞察する。悟性的観方は理性的観方によって深められなければならない。悟性的観方が、不可避な通過点としてではなく、最終目的と見なされると、引き裂かれた現実像しか提供できず、現実を示すことはできない。

12-09 悟性によって個別化された考えを結合するのは、かなり困難である。学問の歴史がこれを証明している。悟性に由来する差異を克服するために、人間精神はしばしば格闘している。

12-10 世界の理性的観方では、人間もその不可分なる統一体に統合された存在となる。

■ 概念と理念の共通点と相違点

12-11 悟性と理性の違いはすでにカントが指摘している。カントは理性を、理念を知覚する能力と規定している。それに対して悟性は、世界を分離し、個別化し、部分として見る能力と定めている。

12-12 実際、理性とは理念を知覚する能力である。今までは触れずにいたが、ここで概念と理念の違いを明確にしておく必要があるだろう。これまで目標にしてきたのは、概念と理念の双方の内に息づく思考的性質を見出すことであった。概念とは、悟性が捉える個々の考えである。そうした多数の個々の考えを生き生きとした流れの中に引き入れ、相互に移行させ合い、結びつけ合わせると、そこに思考的構成体が生まれる。そして、この地点に到達するには、悟性ではなく、理性の力が必要なのである。悟性が作り出したバラバラな存在が、理性の前ではバラバラであることを止め、総体の一部であることを越え、命を持ち始める。理性が創造するこうした構成体を理念と呼んでいる。

■ カントの主張：統一は主観的な見せかけ

12-13 理念によって多数性が一体性へ、つまり無数の悟性概念が統一体に回帰するが、この点はカントがすでに述べている。しかしカントは、理性がもたらすものは、人間精神の前に写し出された永遠の虚像、幻想にすぎないとした。なぜなら、人間精神の永遠の目標である統一性とは、決して得られようがないからである。理念における統一性とは、カントによれば、客観的なつながりでもなく、事柄そのものに由来するものでもなく、私たちがそれに沿って知識を秩序づけるための単なる主観的な規範にすぎない。カントによれば、理念とは、事柄にとって本質的な意味を持つ構築的諸原則ではなく、単に智を体系化するためにだけに意味を持つ便宜的な原則にすぎない。

■ カントへの反論の根拠：統一は客観的事実

12-14 しかし、理念が生じる様子を観察すると、カントの間違いはすぐにわかる。主観的理性[1]が統一への欲求を持つというのは確かにそのとおりである。しかしこの欲求は何の内容も持たず、単なる統一を希求する努力なのである。一体的性質を元々持っていない何かと出会ったなら、この統一への努力がいくら頑張ったところで、統一は一切実現できない。それに対し、統一への努力が、調和へとまとめ戻されうる多様なピース群と出会ったなら、そこに潜在した統一が達成されうる。そうした性質を持つ多様なピース群の一つが、悟性が作り出す概念世界なのである。

12-15 理性によって必ずしもある特定の統一がもたらされるとは限らない。理性とは、むしろ統一への空の型であって、対象自身が内に持つ調和を明るみへと引き出す能力である。理性の中で、諸概念そのものが理念へと自ら結合していく。悟性が作り出すものの中には、高次の統一性を持つ悟性概念が含まれているが、悟性自身はそれを見ることはできず、理性がそれを明るみに出す。この事実が見逃されたことで、諸学問分野での理性の応用について多くの誤解が生み出されている。

12-16 程度はわずかであるが、どの学問もその初歩段階で、それどころか日常的思考においてすら、理性が必要とされる。「す

1 人間の精神的能力という意味である。

べての物体は重い」という判断では、すでに主語概念と述語概念を結びつけ、二つの概念を結合している。これは最も単純な段階での理性の活動なのである。

12-17 理性が目標とする統一は、思考開始前、理性が働き始める前であっても、すでに存在する。ただそれは可能性としてのみ存在し、潜在していて、顕在化してはいない。そこで人間精神は、まず対象を分離し、次に分離した個々の部分を理性によって結合し、それによって現実を完全に洞察するのである。

■ 思考結合の根拠は理念界以外に存在すると仮定すると

12-18 上述の前提をとらない場合、次のどちらかを仮定せざるをえない。

1. すべての思考結合は主観的精神の恣意である。
2. 経験世界の背後には統一があり、それが不可知な方法で多様性を統一へと回帰させる。

後者の場合、私たちは思考を結合してはいるものの、その真の根拠は洞察できない。このとき真理は、認識されるのではなく、外から押しつけられている。したがって、この前提から出発する学問を、すべてドグマ的と呼ぼうと思う。ドグマについてはまた後に触れる（110ページ）。

12-19 あれこれの思考結合における結合根拠を明確にしようとすると、上述の観方では困難に陥る。つまり、その背景にある客観的関連が不可知であるような対象を統一しようとする際には、統一に向けての主観的根拠を探す必要がある。主語概念と述語概念の同類性が保証されない場合、判断を下す根拠を私はどこに求められるのだろうか。

■ カントが言う先験的な綜合判断とは[2]

12-20 カントはこの問いを彼の批判哲学の出発点にした。『純粋理性批判』の冒頭は、「先験的な綜合判断はいかにして可能か」という問いで始まる。これは、二つの概念が互いに他を含まず、しかもそこでの判断が単なる経験判断ではない場合、つまりただ一つの事実を確定するのではない場合、どうしたら主語と述語の二つの概念を結びつけられるかという問題である。カントは、それを条件とし、かつその上で経験が成り立つときにのみ、先験的な綜合判断が成り立つとした。つまりそうした判断を下す場合に、私たちにとっては、経験可能か否かがその主要な決定要件なのである。何らかの先験的な綜合判断が真であるならば、経験が成立し、それゆえその先験的な綜合判断は妥当なのである。（経験不可能な）理念自体にはこれは適用できない。カントの考えを基にするなら、先験的綜合判断とはこの程度の客観性さえ持っていない。

12-21 カントは、成り立ちうる先験的な綜合判断として、数学と純粋自然科学の定理を挙げている。たとえば、$7+5=12$ という式である。カントによれば、7 や 5 の内に和 12 は一切含まれない。私は 7 と 5 を越えて、私は観ることに頼らなくてはならず、それによって概念 12 を見つける。観ることによっ

2 訳注：カント哲学では「先験的な綜合判断」あるいは「ア・プリオリな綜合判断」と訳されている。この判断は二つの条件を持つ。つまり、「先験的（ア・プリオリ）」であることと「綜合的」であることである。まず、「先験的」とは「感覚界における経験をする前」、あるいは「感覚界における経験なしに」という意味である。次に「綜合」とは「統合化」という意味であり、ここでは「二つの概念を結合すること」と考えて差し支えない。したがって、「先験的な綜合判断は可能か」は「感覚界での経験なしに、二つの概念を結合することは可能か」と言い換えられる。

て、必然的に $7+5=12$ と考える。私が経験している対象は、観ることを介して私にやって来ているはずであり、そこでの法則と結びついている。経験が成立するなら、そうした法則（判断）は必然的に正しくなくてはならない。

■ 先験的綜合判断の論理欠陥

12-22 しかし、客観的熟考の前には、カントのこの人工的な思考構成体は崩れ去る。主語概念が述語概念につながる手がかりを含まない（綜合的）ということはありえない。なぜならこの二つの概念は、元々統一体であった一つの事柄を悟性が分解することで得られたからである。ここで錯覚してはいけない。数の基本は単位であるが、これが出発点ではない。単位のくり返しである《大きさ》が第一なのである。単位を問題にするためには、その前提としてまず《大きさ（一まとまり）》が必要である。単位とは、悟性によってその全体（大きさ）を分解することで作り出されるし、それは、原因と結果の区別、物質の諸特性への分析等々と同じである。$7+5$ を考える際の真相は、数学的まとまりである 12 を、一回に捉えるのではなく、二つの部分に分けて捉えていることにある。次に、その同じ数学的まとまり全部を、一回にまとめて考える。結局これは同じことである。そしてこの同一性を、$7+5=12$ という判断で表現する。カントは幾何学の例も引用しているが、そこでも事情は同じである。A、B を終着点とする線分は不可分な一体である。そして私の悟性は、それについて二つの概念を作ることができる。まず、直線を方向として認識し、次に、A、B 二点間の道筋として認識する。そこから「 線分は二点間の最短距離である」という判断が生じる。

■ 判断とは分離産物の理性による再結合

12-23 概念からなる諸部分を取り込んで行なわれる判断とは、悟性が分離したものを再結合しているにすぎない。悟性概念の内容に入り込んでいくと、即座に概念間の関連が浮かび上がってくる。

第13章

認識

■ 概念世界と感覚世界を結ぶ人間

13-01 私たちにおいては、現実は経験と思考という二つの領域に分けられてしまっている。そして、経験では二つの側面を考慮する。第一に、思考以外のあらゆる現実の現象形態は必然的に経験形式を取る。第二に、私たちの精神の本性は観察すること（外に向けられた活動）であり、観察すべき対象を視界に入れることはその本性に即している。つまり精神には対象も経験の一つとして与えられる。さて、この与えられるという形式の中に事柄の本質が含まれない可能性もある。すると事柄がまず知覚（経験）として現われ、後にその知覚を超えて精神が活動することによってその事柄の本質を示すという要求が事柄自体から生じる。もう一つの可能性は、直接に与えられたものの中に本質が含まれる場合であるが、すべてが精神の前に経験として現われているはずであるのに、私たちがこの本質を即座には知りえないという副次的状況がある。後者が思考で、前者が思考以外の現実である。思考では、その核を把握するために主観的な思い込みを克服することだけが求められる。事柄の本質を明らかにするには、出現という直接形式を克服しなくてはならない。思考以外の現実では、その克服すべきことが客観的知覚の側に客観的事実として根付いている。それに対し思考では、それは単に私たちの精神的特性にすぎない。思考以外では事柄自体が経験形式をとり、思考では私たちの精神機構が経験形式をとる。経験を理解しようとするとき、前者では経験にすべてが含まれておらず、後者ではすべてが含まれている。

13-02 この点がまさに二元論の根拠であるし、思考的認識である学問はこの二元論を克服しなくてはならない。人間はこの二つの世界に向かい合い、両者を関係づけなくてはならない。一方は経験であり、そこにはすでに見たように現実の半分しか含まれない。もう一方は思考であり、そこにはすべてが含まれ、満足のいく世界洞察が得られるとするなら、あの外的な経験における真の現実がそこに流れ込んでいるはずである。もし感覚知覚能力しか持たない生物しかいなければ、世界の本質（世界の理念的内容）は隠されたままである。諸法則は、世界の全過程を統率するだろうが、その法則自身が現われ出ることはないだろう。法則が現われ出るためには、法則に支配される側の現実形式、つまり感覚的現実を知覚する器官を持ち、さらには法則性そのものを知覚する能力も持つ、そうした生物が、現象形式と法則の間に存在しなくてはならない。そうした生物には、一方からは感覚世界が、もう一方からは感覚世界の理念的本質が現われ、二つの現実要素を自らの活動で結びつけるはずである。

■ 精神は概念を知覚する器官

13-03 精神とは、理念世界をそこに入れ、考えを保管する器ではなく、それらを知覚する知覚器官であることが、ここで明らかになったはずである。

13-04 精神とは、まさに把握のための器官であり、その意味では目や耳と同じである。考えと精神との関係は、光と目、音と耳の関係と何の違いもない。色が目に保管されている、言わば目にこびり付いていると考える人はいないだろう。しかし、精神については、考えが精神に蓄えられると考える人が多い。個々の事物についての考えが意識の中で作られ、意識に保管され、必要に応じて意識から引き上げられてくると言う。この立場から、ある独特な理論が作られた。意識されていないときでも、考えは精神内に保管されているが、ただ意識の閾値(いきち)を越えていないと言うのである。

13-05 理念世界が自己規定的である点を思い起こせば、このような無謀な見解はただちに打ち砕かれる。それでは、理念世界の自己規定的内容と、意識の多数性とは、どのように関係しているのだろうか。いくらなんでも、不特定多数の精神内容が互いに無関係に規定されているなどとは仮定できない。事情は実に明らかである。思考内容とは、それが現われるためにはどうしても精神器官を必要とするが、その器官を持つ人数は問題ではない。（逆に言えば、思考内容を認識できない人が居ても不思議ではない）。したがって精神能力を持った多数の個体が、ぼんやりと一つの思考内容に向き合うこともありうる。つまり、精神は把握器官として、世界の思考内容を知覚する。世界にはただ一つの思考内容しかない。考えを作り出し保持することが意識の能力であると大多数の人が信じているが、実際は、考え（理念）を知覚することが意識の能力なのである。これを表現したゲーテの的確な言葉がある。

理念は永遠で唯一である。それを複数形で用いるのは適切ではない。私たちが知りうること、語りうること、それらすべてはその理念の顕現なのである。私たちは諸概念という言い方をするが、それならば、理念自体は一概念である。

■ 形式主義を論破

13-06 人間は、感覚世界と思考世界の二つの世界の住人である。感覚世界は下から迫り来て、思考世界は上から輝き出し、そこにあって人間は、この二つの世界を不可分の統一体に結合する手段として、学問を手にしている。一方からは外的形式が、他方からは内的本性が私たちに合図を送ってくる。私たちはその両者を統一しなければならない。ここで私たちの認識論は、似たような探求をしながらも形式主義から抜け出せない学問的立場を超えた。形式論的認識論は、「認識とは経験に働きかけることである」とは言うが、何をもってその経験に働きかけるかは明言していない。「経験においては知覚が思考に流れ込む、あるいは、思考は、その内に持つ強制力により、経験を通り抜けその背後にある本質へと入っていく」と規定する。しかしこれは形式論を並べ立てているだけである。認識の持つ重要な宇宙的役割を把握しようとするなら、第一に、その理想となる目標を提示しなければならない。その目標とは、経験の核を明らかにすることであり、未完であった経験を完全なものにすることである。第二に、この核の内容が何であるかを明確にしなければならない。その核とは考えであり、理念である。最後に第三に、こうした核がどのように開示されるかを示さなければならない。この点については、『思考と知覚』の章で解明している。私たちの認識論は、世界の本質は思考であり、個々人の思考とは、この本質の個々の表現形であるという積極的な結論に導かれる。単なる形式的認識論ではこのような結論は得られず、永遠に不毛である。学問で得られるものが宇宙本質や宇宙原動力とどう関係するかを洞察できない。ところが、まさにその関係を明らかにするのが認識論なのである。認識によって私たちはどこに達するのか、また個々の他の諸学問は私たちをそれぞれどこに導くのかをこの学問は示さなくてはならない。

13-07 認識論以外では、思考が世界の核心であるという見解には到達しない。なぜなら、認識論こそが思考と他の現実との関連を示すからである。認識論は、まさに思考と経験との関係を探求する。したがって、思考と経験の関係を、認識論以外のどこから知りうるというのだろうか。さらには、何らかの精神的、あるいは感覚的本質が宇宙の根源的な力であることを検証しようとするなら、そうした本質と現実との関係を探究する以外にはない。事柄の本質は、世界の理念内容に回帰しなければ見出せない。暗中模索を望まず、明確な関係内に留まりたいなら、決してこの理念的内容の領域から離れてはいけない。思考とはある全体的なもので、それだけで自足していて、虚無に陥らないためには、決してその領域を踏み外してはいけない。次のように言い換えよう。

> 何らかのことを解明しようとするなら、物それ自体が内包していない何かを付け加えてはならない。

思考のネットで捉えられないもの、それはものではありえない。最終的にはすべてが思考の中に現われ、思考の内にその場を見出す。

■ 意識内に本質すべてが現われる

13-08 個人の意識の側から見ると、

何かを学問的に解明するためには、意識に現われるものの内に絶対に留まる必要があり、それを越えることはできない、

と言える。意識から踏み外すと必ず本質を見失うという点はわかっていても、もう一つ、事物の本質は意識内で理念知覚として現われるという点がわかっていないと、認識の限界を認める例の誤った見解に陥ってしまう。現実の本質が意識内になく、しかも意識からは出られないとしたら、当然、本質に迫ることはできない。私たちの思考は此岸にあり、彼岸については何もわからないからである。

13-09 この見解は、私たちの視点からすると、まさに思考の自己誤認である。もし仮に、認識に限界がありうるとしたら、外的経験それ自体が私たちをその本質探求へと駆り立てる場合、つまり、外的体験を前にして、**外的体験**そのものが問いを発してくる場合である。しかしこれは事実に反する。何らかの経験をその本質と結びつけようと駆り立てる力は、**思考**において生じる。思考は、思考自身が内に持つ法則性を他の世界にも見出そうとする傾向を持つだけで、自分が到底知りえない何かを求める傾向などは持たない。

■ 世界には思考以外の何かが必要か

13-10 ここでもう一つの間違った見解を訂正しなくてはならない。世界構築には思考だけでは足りず、思考内容の他に（力、意志等々といった）何らかが加わらなくてはならないという見解

である。

13-11 しかしよく考えてみれば、そのような要因は、思考による説明を要する知覚世界というものを抽象的に拡張することによって生じていることがわかる。さて、思考以外のあらゆる世界構成要素は、まずは思考的認識以外の別なやり方で捉えられる。そうした他の世界構成要素には、思考以外の道筋でたどり着かなくてはならない。思考はあくまでも考えだけを提供するからである。しかし、思考領域以外の世界にあるとされるその部分を説明しようとし、そこで概念を用いるなら、その時点で矛盾に陥る。私たちには感覚的知覚と思考だけが与えられていて、第三のものはない。その一方の知覚のどこを取り上げても、どう探しても、そこには本質は見出せないから、それは世界の核ではありえない。したがって、この本質を見出せるとしたら、それは唯一、思考の内だけなのである。

第14章
事物の根拠と認識

■ 二種のドグマとその特徴

14-01 カントは、自分自身に目を向けさせたという点で、哲学に大きな進歩をもたらした。カントによれば、確固たる学説では真理が外から強制されてはならない。学説は、自らの精神的能力内で根拠づけられる必要があった。学問的確信は、学問そのものの内からだけ生じるというのがカント哲学のスローガンである。それゆえ彼は、自らの哲学を好んで批判哲学と呼び、決まった主張が伝承され、その証明を後に探そうとするドグマ哲学と区別した。このようにドグマ哲学と批判哲学が対立しているが、この点についてカントは、彼の能力に見合った鋭さでは考え抜いていない。

14-02 学問的主張がどう成り立ちうるかを厳密に見てみよう。学問的主張では、概念と知覚を結びつけるか、概念同士を結びつける。概念同士の結合としては、「結果には必ず原因がある」などが挙げられる。ところで、概念同士を結合する具体的な根拠が、概念そのもの、さらには私に与えられているものにはなく、それ以外にあるのかもしれない。つまり、私を特定の思考結合へと導く形式的な根拠（矛盾律、既定の公理）があるのかもしれない。しかしこれらの事柄は、ここでの結論にはまったく影響しない。この主張は、事柄として決して手に入らない何かを根拠にしている。したがって私は、事物を真に洞察することができない。私はそれについて部外者として知るだけである。この場合、主張の源は私のあずかり知らぬ世界にあり、主張だけが私の側にある。これがドグマの特徴である。ところで、ドグマには二通りある。啓示のドグマと経験のドグマである。啓示のドグマでは、人間の認識圏外に存する真理が、何らかの方法で人間に伝承される。その主張の源の世界については、何の洞察もできない。それが真理であることを人間は信じなければならず、その根拠には到達しえない。経験のドグマも状況は非常に似通っている。次のような見解がある。

人間は純粋経験に居るだけで、そこでの変化を観察はできるものの、そこに働いている力にまで進んでいくことはできない。

この場合、世界について主張してはいるが、その主張の根拠には手が届かない。この場合もまた、事物の内的な働きにおいて真理が洞察されるのではなく、事物以外から真理が押しつけられている。啓示のドグマは過去の学問を支配していたが、今日の学問は残念ながら経験のドグマに冒されている。

■ 思考においては現実を生産者の側から見る

14-03 私たちの見解から、存在根拠は理念外に存するという仮定すべてがナンセンスであると示された。存在根拠はすべてが世界に流れ込んでいて、世界に現われ出てくる。存在根拠は思考の中で、そのあるがままを最も完全な形式で見せる。思考の結合、つまり判断において、そこで結びつけられるのは、思考に流れ込んだ世界根拠の内容そのものなのである。思考においては、彼岸に存する世界根拠が主張されるのではなく、思考の中に世界根拠が素材として流れ込む。判断を下す根拠として、私たちには、形式的な根拠ではなく、事柄に対する直接の洞察が与えられている。判断の対象は、未知なる何かではなく、思考自身の内容なのである。それゆえ私たちの見解からは、真の智が基礎づけられる。私たちの認識論はまさしく批判的である。私たちの見解に従えば、何かを解明する際に、思考において、思考内に具体的な根拠を持たないものを持ち込まないだけではない。経験においても、現象として現われた側だけでなく、その現象に作用するものを思考内で認識するはずである。思考によって私たちは、現実の観照を、生産物の段階から生産者の段階に引き上げる。

■ 本質は人間との関連で現われる

14-04 ある事物の本質が明らかになるのは、このようにそれが人間と関連づけられたときである。なぜなら、人間内においてのみ、あらゆる事物の本質が現われるからである。こうして世界観として、一つの相対論が打ち立てられる。言い換えると、人間自身が投げかける光によって事物を照らし出すという思考の方向をとる。これは、アントロポモルフィスムス（人間主体認識説）と名づけられるだろう。これは多くの人が唱えている。しかし大半の人は、それによって、事柄そのものの客観性が私たちの認識の持つ特殊性によって損なわれると思っている。彼らは、私たちはすべてを主観という眼鏡を通して見ていると思っている。しかし、私たちはまったく逆の捉え方をする。事物の本質に近づこうとするなら、この眼鏡を通して観察しなければならない。すると世界を、現象として現われる姿で知るだけではなく、もちろん思考しつつの観察によってであるが、その本来の姿としても見ることになる。人間が現実の様態を学問として描き出すとき、それは現実がとる究極の真の姿なのである。

14-05 正しい認識、つまり現実の本質へと導く認識がどのようなものかがわかったので、次の課題は、その正しい認識を個々の現実領域に拡張していくことである。したがって次章からは、学問分野毎に、そこでの経験の形式に応じて、本質をどのように探求するかを示そうと思う。

E 自然認識

第15章

非生命的自然

■ 非生命的自然の特徴と探求方法

15-01 自然の現象で最も単純なのは、互いに外的にしか作用しない諸要素間で生じる過程だろう。そこで生じる二つの対象間の関係や結果は、外的表現形にまでその本性を現わす生き物からの影響や、内的能力や特徴を外に顕す個体からの影響を受けるそれとは違っている。こうした作用系では、物体は他の物体に特定の影響を与え、自らの状態を他の状態に移すにすぎない。ある物体の状態は、別の物体との相互作用の結果なのである。こうした同種の要因同士が作用し合うシステムを、非生命的自然と呼ぶ。

15-02 この場合、その成り行きや特徴的関係性は、外的な条件に左右される。つまり、こうした事象では、常に（外的）諸条件の結果が現われるという特徴がある。そこでの外的諸要素の関連が変われば、出来事も当然変化し、そこでの現象も変化する。

15-03 ところで、非生命的自然を観察し始めた瞬間、その場の諸要素はどのような状態にあるだろうか。これはまさしく、前に述べた、互いに無関係で質的に等価であるという直接経験の特性を持っている。つまり、例の《経験一般》の特殊形なのである。知覚可能な諸要因がどのような関連を持つかを考えてみよう。経験という範疇に留まるなら、関連性を把握することも、事柄を洞察することもできない。一つの要因 a と同時に無数の別な要因が現われる。目前の多様なるものを見渡しても、何一つ明確にならず、どの要因が中心要因 a に近く、何が遠いのかもわからない。この出来事にとって不可欠な要因もあるだろうし、不可欠ではないにせよ現象の様相を変える要因、つまり現象をいくぶん変形させる要因もあるだろう。

15-04 以上で、この分野での認識の指針が得られた。直接経験として眼前に展開する諸要因を組み合わせるだけでは、不十分なのであるから、現象を説明してくれる別な領域に進む必要がある。特定の経過が明白に、かつ必然的に現われるような条件を作り出さなくてはならない。

15-05 思考では、その直接経験の中にすでに本質が含まれていたが、その理由を思い出してみよう。それは私たちが、個々の思考要素を結合するプロセスの内部に居て、外部に居るのではないという点であった。それによって、完了したプロセス、すなわち作用された産物だけでなく、作用する側も手中に収める。したがって、鍵となるのは、何らかの外界的事象において、その現象を実現させる推進力、つまり世界中心から周辺へ向かわせる推進力を見極める点である。感覚世界における現象や関係は、最初の段階では見通すことが難しいが、こうした現象が、要因の特定配置の結果として明確に見通せれば、それを克服できる。目前の事象を、感覚世界における諸要素の共同作用の結果として理解できるはずである。そのとき私たちの悟性は、この共同作用の様子を完全に把握したことになる。諸事実を、私たちの精神に沿った、理念的な関係にもたらすのである。悟性によって考えられた適切な関係に物体を置くと、その物体は当然ながらその本性に沿って振る舞う。

■ 諸要素を関連の中で整理する

15-06 これで得られるものはすぐにわかる。感覚世界を眺めると、諸要因の協働による経過が見られるが、何が結果に対してメインになる作用要因かを即座に把握するのは不可能である。ある経過では、同時に a、b、c、d の要因が見られる。しかし、この中のどれが、経過と深いかかわりを持ち、どれが浅いかは、すぐにはわからない。この経過の成立にあたって、この四要因のどれが不可欠かを検討すれば、瞬時に事柄を見通せる。仮に a と c が不可欠だとしよう。さらに d がないとこの過程の様子が大きく変わり、b には本質的な意味はなく、他のものに置き換え可能だとしよう。

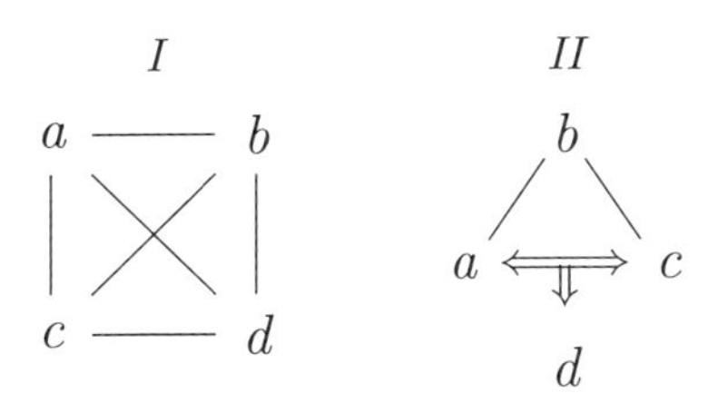

図中の I は感覚知覚における諸要素の組み合わせ、II は精神にとってのそれを象徴的に表わしている。精神は、非生命的自然界の諸事実をグループ化し、ある経過や関連を、諸事実の関連の結果として見通す。このように精神は、偶然（無関連）の中に必然（関連）を持ち込む。例を挙げてより明確にしたいと思う。

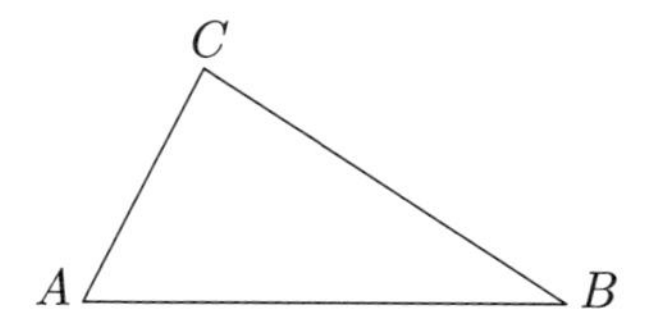

三角形 ABC を見ても、その内角の和が常に直線（180°）に等しいことは、すぐにはわからない。しかし諸要因を次のようにグループ化すれば、ただちに明らかになる。次図において、角の関係 $a' = a$、$b' = b$ はただちに明らかだろう。

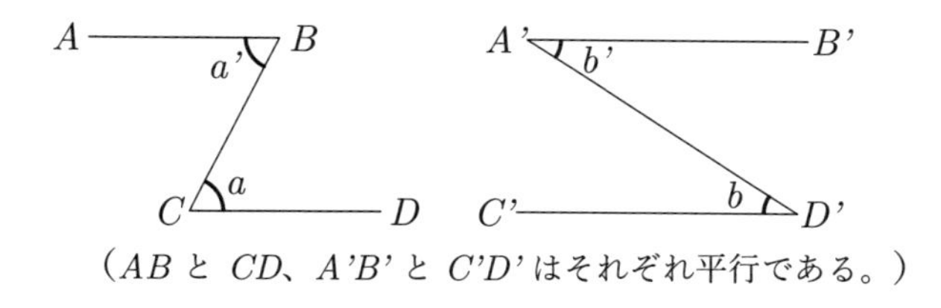

（AB と CD、$A'B'$ と $C'D'$ はそれぞれ平行である。）

15-07 さて、この三角形の頂点 C を通り、底辺 AB に平行な直線を引く。先に述べたことからそれぞれの角 $a'= a$ 、$b'= b$ であるとわかる。c はそれ自身に等しい。したがって、この三つの角の和は常に直線の角に等しくなる。

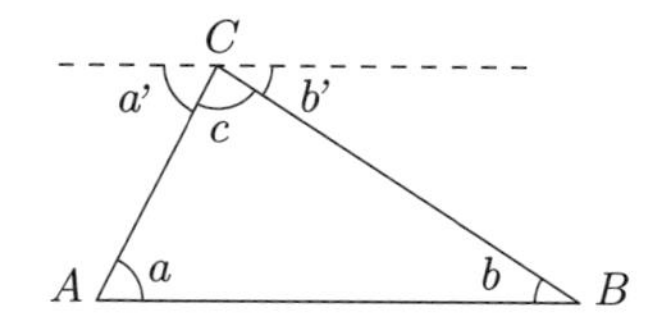

つまり複雑な事実関係を、単純な諸事実に還元することで説明した。そして、単純な諸事実から出発し、そこで関係する事柄

の本質的必然性、つまり精神が見て取ることのできる関連性に沿って、相応の関連事項がつながっていく。

■ 精神内で現象を作り出す

15-08 もう一つの例を挙げる。石を水平に投げる。すると石は図の軌跡 ll' をとる。

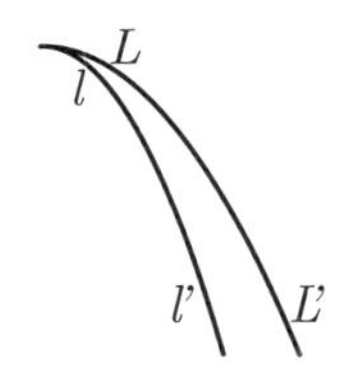

この運動を前進させる力は、次の三種類である。

1. 私が加えた推進力
2. 地球が石を引きつける力
3. 空気抵抗

15-09 さらに考えると、最初の二つの力が軌跡の特徴を決める本質的な力で、三番目の力は付随的であることがわかる。最初の二つの力だけが働いたとすれば石の軌跡は LL' になる。第三の力を完全に無視し、前者二つだけを関連させると、軌跡 LL' が見つかる。これを実際に行うことは不可能であるし、またその必要もない。抵抗をまったく排除することはできない。ここでは、思考によって前者二つの力の本質を把握し、さらに思考の中で両者をしかるべき関係に置くだけでよい。そうすると、二つの力だけが働いたときに必然的にひき起こされる結果、つまり軌跡 LL' が得られる。

15-10 こうしたやり方で、精神が非生命界のあらゆる現象を解明する。つまり結果としての現象が、精神においては直接的で必然的なものとして作用する側から現われる。

■ 根源現象では原因となる要因から現象が直接に生じる

15-11 前者二つの力の結果として石の運動法則が得られ、次に第三の力を加えると軌跡は *ll'* になる。別の条件が加われば事情はさらに複雑になる。感覚世界における錯綜した出来事とは、単純な諸事実が織りなされたものであり、その単純な諸事実は精神によって見通すことができ、錯綜した出来事を解決しうる。

15-12 ある現象では、その経過の特徴が、そこでの諸要因の本性から明瞭かつ直接的に現われてくる様子が見て取れる。そうした現象を、私たちは根源現象あるいは根本事実と呼ぶ。

■ 帰納法の問題点

15-13 この根源現象は客観的な自然法則と同等である。なぜなら、根源現象においては、ある特定の状況下で、ある出来事が起きるというだけでなく、それが必然的に起きるはずだからである。こうして、観察の対象となっている非生命的自然において、根源現象が起きることが洞察された。今日のあらゆる学問で、経験領域を超えて仮説を立てるとナンセンスに陥ると考える外的経験主義が進められている。しかし、ここでは完全に諸現象内に留まりながらも、必要なものを手に入れている。これは、今日各方面で主張されている帰納法では不可能である。帰納法的なやり方の本質は、以下のとおりである。まず、所定の条件下で、特定のかたちで推移する現象が観察される。似た条件下で、再度、同じ現象が観察される。こうしたことから帰納法では、出来事の背景に出来事が従うべき一般法則が成り立つと推論し、それを法則として言語化する。しかしこの方法では、完全に現象の外側に留まっているだけである。深みに向かうことはない。帰納法における法則とは、個々の事実の普遍化である。帰納法では、事実毎に法則が成り立つか否かを確認する必要がある。私たちの方法から見れば、帰納法の法則とは、混沌たる偶然性からもぎ取られ、必然のように見せかけられた諸事実なのである。私たちには、要素 a、b があるとき、必然的にある結果が生じるということがわかっている。私たちは現象世界から一歩も踏み出ない。私たちの考える学問の内容とは、客観的な出来事以外の何ものでもない。諸事実の結合形式が変更されるだけである。しかし、まさにこのことによって、経験という客観界よりも一歩深い客観性にまで入り込む。つまり、諸要因を組み合わせるが、その諸要因がその本性だけに沿って作用できるようにしてやり、その作用に対していかなる干渉も及ぼさないようにするのである。

15-14 学問を現実的に進めようとするあらゆる分野でこの論考が正当に評価されることを、私たちは非常に重要と考えている。学問的命題の本性と適用範囲について観方を誤っているとこの論考と矛盾をきたす。同時代の多くの学者たちが、研究実践の中で自らの理論と自己矛盾を起こしている。反対に、正しい研究が私たちの議論と整合することは、いくらでも例を挙げることができる。

■ 根源現象と学問

15-15 私たちの理論では、あらゆる自然法則にある特定の形式が求められる。まず、諸事実間に関連があることが前提である。そして、その関連が実現されるなら、特定の出来事が必ず起きるという形式である。

15-16 したがってあらゆる自然法則は、「もしこの要因とあの要因が共に働くなら、この現象が生じる」という形式をとる。あらゆる自然法則が実際にこの形式を持つことは容易に証明できる。「もし温度の異なる二つの物体が接するなら、両者の温度が等しくなるまで、温かい物体から冷たい物体へと熱が流れる」。「もし二つの容器に液体が入っていて、それらが互いにつながっているなら、両者の液面は同じ高さになる」。「もし光源と物体の間に別の物体があるなら、後者は前者の物体の上に影を落とす」。数学、物理学、力学には単なる事実描写でない部分がある。それがまさに根源現象でなくてはならない。

15-17 根源現象の発見によって学問は進歩する。ある過程を余計な関連から抜き出し、特定の現象からの純粋な帰結として説明できたなら、世界運行のより深部に入り込んでいるのである。

■ 主観と客観を仲介する実験

15-18 関連する諸要因をその本質に従って思考内で結びつけるなら、根源現象が、純粋に考えとして現われることを見てきた。しかし、必要になる諸条件を人工的に作り出すこともできる。学問的実験がそれに当たる。そこでは、私たちの支配下において特定の事実を出現させる。もちろん付随的諸事情をすべて取り除くことはできない。しかし、付随的諸事情を乗り越える手段がある。一つの現象をいろいろに変化させるのである。付随的条件をいろいろに変える。すると、さまざまな変異の中にもコンスタントなものが見つかる。さまざまな組み合わせにおいて、本質的なものを見極めなくてはいけない。こうした個々のすべての経験を貫く、一つの安定した事実が見つかる。これは経験の中のより高次の経験である。つまり、根本事実、あるいは根源現象である。

15-19 実験では、ある特定の出来事に対し、想定内の事柄以外のものは何も影響しないことが保証されている。素性が明らかな諸条件を組み合わせ、そこで起こることを待つ。これは主観的な創造に基づく客観的な現象である。手に入れるものは客観的であるが、同時にそれは、まったく主観的である。したがって非生命的自然科学において、実験とは主体（主観）と客体（客観）の真の媒介者なのである。

15-20 私たちのこうした見解の萌芽は、ゲーテとシラーの往復書簡に見られる。彼らは 1789 年初頭の書簡で、この問題を取り上げている。彼らはこの方法を合理的経験主義と呼んだ。これは、客観的な出来事だけを学問の内容とし、さらにこの客観的な出来事は、精神において発見される一連の概念（法則）によって成り立つからである。思考だけが捉えうる関連性の中に置かれた知覚可能な出来事、それが合理的経験主義である。ゲーテの論文『主観と客観の仲介者としての実験』[1] と先ほどの書簡の両方を読むと、上述の理論が彼らの考えの流れを汲むことがわかるはずである。

---

1 興味深いことにゲーテはもう一つの論文を書いていて、そこで実験についての考察をさらに深めている。この論文は、1798 年 1 月 19 日付のシ

■ 非生命的自然研究も学問一般の特殊形

15-21 私たちは前章までで経験と学問の関係についての一般的関連性を確立した。そうした関連性は非生命的自然においても完全に成り立っている。通常の意味での経験とは、現実の半分なのである。感覚知覚で明かされるのは現実の半分でしかない。残りの半分は精神的把握能力の前にのみ存在する。《感覚に現われる現象》に過ぎなかったものを、精神が、精神にとっての現象へと高める。この領域において私たちは、どのようにして受動的客体から能動的主体へと高まるかを示した。精神が受動的客体に近づき、その精神が能動的主体を見出す。

■ 非生命科学の目標はコスモスの解明

15-22 ある見解が学問的に充足するのは、それが完結した全体にまでつながるときである。ところが非生命界としての感覚界は、そのいかなる地点でも完結していないし、個としてまとまった全体を現わすこともない。ある出来事を見ても、必ず第二の出来事がそれに関連するし、さらに第三のものも続く。こ

ラーの書簡から再構成できる。それによれば、ゲーテは学問の方法を次の三つに分けている。

第 **1** は低俗経験論：これは外的な感覚に与えられる現象に留まる。

第 **2** は合理論：これは不十分な観察に基づいて思考体系を築き上げる。つまりこれは事物をその本質に即して分類するのではなく、まず恣意的な関連を作り出し、さらに事実無根な想像でそれを事実世界の中に読み取る。

第 **3** は合理的経験論：低俗経験論に留まらず、経験がその本質を開示しうる条件を作り上げる。

新版の注： 私がここで前提として仮定した論文は、後になって実際にゲーテ・シラー・アーカイヴで発見され、ワイマール版ゲーテ全集に組み入れられた。

の連鎖はどこで終わるのだろうか。非生命界としての感覚界は、決して個としてまとまることはない。その全体性において、はじめて完結する。それゆえ、全体を捉えること、非生命界総体を一つのシステムとして捉えることが私たちの努力目標である。そして、そのようなシステムとはコスモスである。

15-23 コスモスを完全に理解し尽くすことが、非生命的自然科学の目標であり、理想である。その目標に至るまでは、いかなる学問的努力もその準備にすぎない。全体の一部であって、全体そのものではないからである。

第 16 章
生命的自然

■ 生命科学は不可能とされた

16-01 学問は長い間、生命現象を探求できずにいた。生命や生命現象を理解するには学問的方法が十分でないとされていた。それどころか、非生命的自然の法則は、生命界ではすべて無効になるとすら考えられていた。非生命界では、現象理解とはその現象の諸前提を捉えることであったが、生命界ではこの方法は否定される。生命体は、造物主の計画に従って合目的的に作られていると考えられている。個々の器官の役割は前もって決まっていて、「これらの器官の目的は何であり、また何の役に立つのか」としか問われない。非生命界では、事柄の事前の条件を探求したが、生命現象においてはそうした事前条件は問題にせず、対象の意味づけ（種の同定）に主眼が置かれた。また、物理的現象ではそれに関連する原因を問題にするが、生命的プロセスでは原因は問題にせず、何らかの特別な生命力を想定しなくては理解できないと考えられていた。生体内で作られる産物は、初めから他の自然法則を超越した生命力によるものであると考えられていた。したがって 19 世紀の初頭まで、生命体を学問的に扱うことはできなかった。学問領域は非生命界だけに限られていたのである。

16-02 生物の法則を、対象の本性の中ではなく、生命創造者とされる造物主の考えの中に求めてしまったので、生命を説明する可能性は完全に断たれてしまった。どうやってその造物主の考えを知ったらよいというのだろうか。私が知りうるのは、眼前に与えられるものだけである。眼前の物自体が私の思考の内でその法則を開示しないのなら、私は学問的にそれを扱うことはできない。別世界に存するプランの推量など学問的な意味では論外である。

16-03 18 世紀末の一般的かつ支配的な考え方では、物理学と同等な明晰さを持つ生命現象の学問は存在しないとされていた。カントはそれどころか、この考えを哲学的に根拠づけようと試みた。カントは次のように考えた。私たちの悟性は、特殊から普遍へという方向でしか考えられない。個別のもの、つまり特殊が与えられていると、悟性はそれを抽象化して一般法則を導く。この種の思考を推論的と呼び、人間にはこれだけが与えられている。それゆえ、該当分野での特殊に当たるもの自体は非概念的で、かつそれらが抽象概念の下で包括されうるという条件を満たす、まさにそうした事物についてのみ学問が成り立つ。ところが、生命体はこの条件を満たさない。生命体では個々の現象が、合目的的、つまり概念的に成り立っているからである。特殊そのものが概念の形跡を持っている。こうした存在を把握する素地は、私たちには一切備わっていない。概念と個々の物、普遍と特殊が別々にある場合にだけ、私たちはそれを理解できる。したがって、生命の考察においては、合目的性という理念を根底に置かざるをえず、（不可知である）意図体系を土台にして、生物の諸現象を扱わざるをえない。カントはこうして、言わば生命科学の非学問性を学問的に根拠づけた。

■ ゲーテは合目的性を排除

16-04 一方ゲーテは、この非学問的な態度と断固として闘った。生物のある器官が何の役に立つかではなく、それがどのように生じたかを問えないほど思考が未熟であるとされる理由が、ゲーテには理解できなかった。あらゆる生物をそれ自体で内的に完全なものと見なす彼の性格ゆえに、彼はそれを理解できなかった。ある器官の外的合目的性、つまり他の器官のためにどう役立つかだけを考えるやり方は、彼には非学問的に思えた。外的合目的性なぞ、その内的本性と何の関係があるのだろうか。ゲーテは、何の役に立つのかは問題にせず、常に、どのように発達するかだけを問題にした。彼は、対象をできあがったものとして見るのではなく、生成において見ることで、その根源を認識しようとした。ゲーテは、生体や器官に対し外的合目的性を認めなかったスピノザに特に強く心を惹かれていた。ゲーテは、非生命界と同等の学問性を持つ認識方法を、生命界にも求めようとした。

16-05 ゲーテほど天才的な方法ではなかったにしろ、自然科学の世界では、それに劣らぬ切実さでこうした方法がくり返し求められてきた。今日では、この可能性を疑う科学者はごく少数である。こうした方法はあちこちで試みられたが、必ずしも成功したとは言えなかった。

■ 現代の主流は生命機械論

16-06 ここで人は一つの大きな誤りに迷い込んでしまった。非生命的学問の方法を生物領域にそのまま適用できるはずだと信じ込んだのである。この方法が唯一の学問的方法であるとし、もし生命科学が成り立つとするなら、それはたとえば物理学と同等の学問性を持つべきであると考えてしまった。しかし、学問性の概念が「世界の物理的法則による解明」よりずっと広い意味を持ちうるという可能性が忘れられてしまった。今日に至っても、「学問性とは何か」という概念認識への取り組みは十分ではない。本来なら、非生命的学問の学問性の根拠が何であるかを考え、その基準を遵守しつつ生命界に適用できる方法を求めるべきであるのにもかかわらず、その代わりに、最下位の存在段階で得られた法則を、すべての領域に応用できると宣言してしまっている。

16-07 まず、学問的思考の根拠がどこにあるのかを検討すべきだろう。これは、これまでの論考ですでに行なってきた。また前章では、非生命的法則が唯一無二の法則ではなく、可能である法則全般の中での、一つの特殊としての表現形であることを確認した。物理学的方法はこの普遍的な学問研究方法の特殊な場合に過ぎず、さらに、普遍的な学問研究方法では、研究対象の本性、つまりその学問が問題にする領域に配慮する。この物理学的方法が生命界に拡張されると、生物の持つ独自の本性が抹殺されてしまう。生命体の本性に沿って探求する代わりに、生命体に異質の法則性を押しつけている。このように生命的なものを否定していては、生命体は決して認識できない。この学問的態度では、低次の段階で得たものを高次の段階に拡張している。別な世界で法則を作り、それをより高次の存在形式に当てはめることができたと思い込んではいるものの、このやり方では高次の存在形式の独自性を把握することも扱うこともできないので、どう努力してみても高次の存在形式を捉えきれない。

16-08 学問的方法を決めるのは私たち人間の本性であって、対象ではないし、方法などは対象にとって本質的ではないという誤った見解こそが、上述の問題の根源なのである。諸対象を一貫して一つの方法で考えなくてはいけない、しかもあらゆるものについて、つまり全宇宙（ユニヴァース）を一つの方法で考えなくてはならないと信じている。そして、「精神の本性からして帰納的、あるいは演繹的思考しか存在しない」という点を示すべく研究を進めている。

16-09 しかし、対象とそこに適用される考察方法とがまったくかみ合わない可能性を見過ごしている。

16-10 私たちは今日の生命的自然科学に対し、学問的考察の原則に則って生命探求にふさわしい方法を導くのではなく、非生命的自然の原則を流用してしまっていると非難している。この批難が正当であることは、現代の最も重要な自然科学研究の理論家、ヘッケルの見解からもわかる。

16-11 彼はあらゆる学問研究において、諸現象の因果関係を明らかにすること[1]を要求している。また、次の言葉には、世界のすべてを物理的方法という鋳型で取り扱おうとする彼の意図がはっきり現われている。

> 心理のメカニズムがもしもこれほどまでに複雑ではなく、また心理的機能の発展過程全体を見通せたなら、すべてを魂の数学的公式にまとめることができるはずである。

---

1 エルンスト・ヘッケル『ダーウィン、ゲーテおよびラマルクの自然観』イェーナ、1882年、53ページ。

16-12 この要求は本来のダーウィン主義にはないが、今日のダーウィン主義解釈の基礎になっている。非生命的自然において、ある経過は、次のように説明されることを見てきた。つまり、その法則的な成り行きを、他の感覚可能な事実から示すことであり、事象をその事象が属する同種の感覚領域の諸対象から導き出すことであった。ところで、適応や生存競争といった原理は、事実表現としては疑いの余地はないが、今日の生物学では、これらはどのように用いられているだろうか。人は、太陽光を浴びると物体は温かくなると考えるのと同様、特定の生物種の特徴は生存環境という外的な関連から導き出せると信じている。生物種を生物種たらしめる最も重要な特徴を決定するのは、環境的諸要因ではないという点が完全に忘れられている。環境的諸要因は、方向づけ的影響を及ぼすことはあるが、種を作り出す原因となることはない。「何らかの諸要因が外圧として働く場合、何らかの器官が特に発達することはあるだろうが、生体の内的性質、生体固有なものは、外的諸要因からは決して導き出せない」と言うことができるだろう。ある生物が本質的な特質として a、b、c を持ち、これらが外的要因の影響を受けつつ発達するとしよう。すると、その種の特質は a'、b'、c' という特殊としての形をとる。このときの影響を考察すれば、a が a' に、b が b' に、そして c が c' の形に発達した理由がわかる。しかしその生物種だけが持つ特質、a、b、c そのものは、外的諸要素の結果としては絶対に生じない。

■ ゲーテは典型から種を発展させる

16-13 普遍と特殊という対極で生物を見ると、私たちが出会う個々の生物は特殊に当たるが、普遍に当たるものの内容は、どこから得るのだろうか。この点は特にしっかり考える必要がある。特殊化が外からの影響で生じることはわかっている。しかし、その特殊となった形態の基となったものは、内的な原理から導かれなければならない。特殊として何らかのフォルムが発生してくる際の原因は、その生物の環境を探求すればわかる。ところがそれでも、この特殊としてのフォルムは、自身において、自身にとっての何かを持っている。私たちはそのフォルムを、特定の諸性質を伴ったものと見ているのである。ここが重要なポイントである。外的現象と、内に形成された内実が対置している。そして、個々の諸性質を導き出すに当たっては、この内実が必要なのである。非生命的自然においては、ある事実を知覚すると、それを説明する第二、第三の事実を探し、最初の事実が第二第三の事実の必然的な結果として理解された。生命界の事情は異なる。外的な諸事実だけではなく、ある一つの要因が必要なのである。外からの働きかけに応じる基となる何かがそこに存在する必要があり、その何かとは、外的なものによって受け身に規定されるのではなく、外からの影響は受けつつも、能動的に自身を規定していくものである。

16-14 この《基となるもの》とは何だろうか。それはまさしく、特殊において現象化する、普遍たるフォルムである。特殊において現われるのは、常にある特定の生命体である。したがって、この《基となるもの》とは、普遍たるフォルムをとる有機体である。つまり、一つの有機体の普遍的な像であり、これが有機体の特殊としてのあらゆるフォルムを包括する。

16-15 ゲーテの先例に従って、私たちはこの普遍的な有機体を典型と呼ぶ。言語史的に典型という語が何を意味するにしても、ここではゲーテの意味で用い、上述の内容以外の意味は持たせない。この典型は、個々の生体においてはその姿が完全に形成し尽くされることはない。典型を把握できるのは理性だけで、それを行なうには現象から典型を普遍的な像として引き出せばよい。したがって、典型とは有機体の理念である。動物の内にあって動物を動物たらしめているもの、特殊としての植物の内に存する普遍的植物なのである。

16-16 この典型を固定的なものと考えてしまってはいけない。典型は、反ダーウィンの急先鋒であったアガシッツが「受肉した神の創造思考」と呼んだものとは異なる。典型は完全に流動的で、そこから特殊としての属や種が導き出される。ちなみに、属や種はサブ典型、あるいは一歩特殊化した典型と見なすことができる。典型は系統進化理論と矛盾しない。また、生物の諸フォルムがしだいに分化しつつ進化するという事実とも矛盾しない。生命進化は時間の中で順を追って現われ、(感覚知覚しうる)具体的なフォルムにだけに現われるという考えに対する理性からの反論が典型なのである。典型とは、進化全体の底流にある。そして無数の多様性にまとまりを与える。私たちが外的生物諸フォルムとして体験するものの中にある内的なものが典型である。ダーウィン理論はこの典型を前提としている。

16-17 典型は真の根源有機体であり、理念的な意味で、原植物か原動物に特殊化する。実際に知覚できる個々の生物は決して原植物、原動物ではありえない。ヘッケル等の自然学者が原フォルムと見なしているものは、すでに特殊となった形態であるし、典型がとる最も単純な形態である。時間的に見ると典型は最初に最も単純なフォルムをとるが、だからといって、時間的に後続する諸フォルムが先行するフォルムから生じているとはいえない。あらゆるフォルムは典型の結果として現われるのであって、最初のものも最後のものも、同じ典型が現象化している。真の生命科学は、この典型を基礎にしなくてはならないし、個々の動物種、植物種を別の種から導き出そうとしてはいけない。典型はあたかも赤い糸のように、生命界のすべての進化段階を貫いている。私たちは典型をしっかりと捉え、この典型と共に多種多様で巨大な王国を探索しなくてはならない。そのとき、この王国が理解できる。そうでないなら、他の経験世界がそうであったように、この王国も関連のない個別部分の集合体となってしまう。時間的に後続のもの、複雑なもの、組み合わされたものが、先行する単純なフォルムから導出でき、その単純なものを根源的と信じるなら、特殊となったあるフォルムを、別の特殊フォルムから導き出しているに過ぎず、これは間違いである。

■ 時間的順は原則的順ではない

16-18 フリードリッヒ・テオドール・フィッシャーはかつて、ダーウィンの理論は時間概念の変更を迫るだろうと述べた。ここまで述べたことを考慮すれば、彼の言う時間概念の変更がどのようなものかがわかる。後続のものを先行するもので説明しても説明にはなっておらず、時間的な最初が原理的な最初ではないということがその変更なのである。種は必ず原理から導き出されなくてはならず、ある生物種が時間的に他より早く現われたという事実があったにせよ、そこで追究されるのは、その生物種が現われるにあたってどのような要因が働いていたかなのである。

■ 根源現象と典型の比較

16-19 典型が生命界で果たす役割は、非生命界における自然法則の役割と同じである。自然法則は、個々の現象を全体の一部として認識する可能性を与えてくれるが、典型は、個々の生命体を原フォルムの特殊形として見る可能性を与えてくれる。

16-20 典型が自己完結した固定した概念フォルムではなく、多種多様な形態化を行ないうる流動的なものであることはすでに述べた。このような特殊への形態化は無数である。なぜなら、原フォルムを個に、特殊に導く何かとは、原フォルムには何の影響も持たないからである。それは、一つの自然法則から無数の個別現象化が可能であったのと同様である。つまり、法則を個別ケースとして特殊化していく規定要素は、法則とは由来をまったく異にするからである。

16-21 しかし生命的自然は、非生命的自然とは、本質的に違う。非生命的自然の場合には、そこに成り立つ自然法則ゆえに、ある感覚的事実が、まさに特定の仕方でしか起こりえないことを示せばよかった。そこでは、感覚的事実と法則とは、別個な対立項目であり、諸要因を見通せるならば、それを支配する法則を思い起こすという精神作業だけで十分であった。しかし、生物や生命現象では事情が異なる。ここで問題になるのは、事前に把握した典型から、経験可能なものとして現われる個別のフォルムを、発展させ出現させることである。根本から異なる精神プロセスを行なう必要がある。自然法則は個々の現象とは別に見ることができるが、典型は、個々の現象に、完成品として対置することはできない。

16-22 落下するあらゆる物体は、何の妨げもなければ、単位時間内に 1、3、5、7、··· という道のりを進むというのは一つの完結した法則である。これは二つの質量（地球と地球上の物体）が相互に作用し合うときに現われる根源現象である。私たちの視界に、この法則が適用された特殊としての事例が現われた場合には、その法則が保証する関連の中でその感覚的事実を観察すれば、それだけでその法則が成り立つことを確認する。個々の例を法則に還元するのである。自然法則が、感覚世界におけるバラバラな諸事実が持つ相互の関連を明らかにする。しかし法則それ自体は、個々の現象とは別に成り立つ。典型の場合、眼前の特殊例を、原フォルムから発展させて生み出さなくてはならない。典型が個々の形態をどのように制御しているかを見るべく、典型とその形態を対置してはいけない。個々の形態を典型から発生させる必要がある。法則とは、現象より上位なものとして現象を支配している。それに対し典型は個々の生物の内に流れ込んでいる。個々の生物と同一化、同体化している。

■ 合理的生命科学では典型からフォルムを導出する

16-23 力学や物理学と同じ意味で、生命科学も学問であろうとするならば、まず典型を最も普遍的なフォルムとして示し、さらにその典型を多様な理念的特殊形態として示さなければならない。力学とは、実際の条件を仮定的に設定しつつ、種々の自然法則を体系化したものである。生命科学もそれと異なる必要はない。理論的学問であろうとするならば、典型から始めて、典型を中に注ぎ込みつつ形成されるさまざまなフォルムを仮説的に導かなくてはならない。その後で、この仮説的形態から目前に観察しうるフォルムが導かれる様子を示すことができなくてはならないはずである。

16-24 非生命界において現象が法則に還元されるのと同じように、生命界では原フォルムから特殊としてのフォルムを発展させる。普遍と特殊を外的に対置するのではなく、あるフォルムから別のフォルムへと発展させることが、生命科学の中心テーマである。

16-25 力学が自然法則の体系で表わされるのと同じように、生命科学は典型から発展させられる一連のフォルムで表わされる。前者では、個々の法則を組み合わせ、一つの全体へと組み入れるし、後者では、個々のフォルムへと分化させつつ、生き生きと生成しなくてはならない。

16-26 ここで反論がありうる。典型のフォルムが完全に流動的であるとするなら、生命科学の内容、つまり典型から拡散的に導かれる一連の特殊としてのフォルムを、どのように提示できるのかという反論である。観察可能な個々の例に特殊化したフォルムとしての典型を認識するということも考えられるが、実際の観察例を示すだけでは学問としては不足だろう。

16-27 しかし異なるやり方も可能である。典型に一連の可能性をとらせ、その中のいくつかを（仮説的）フォルムとして固定する。こうすることで、合理的生命科学の内容たりうるもの、つまり思考によって典型から導き出された一連の諸フォルムが得られる。

■ 非生命科学との方法的相違

16-28 力学と同じ学問的厳密さを持った生命科学も可能である。ただ、そこでの方法は異なる。力学の方法は証明である。そしてすべての証明は、ある規則に準拠している。常に特定の前提条件があり（つまり経験可能な条件から出発し）、その前提が満たされると、特定のことが生起する。そして、個々の現象を、その底流にある法則の下で把握する。

> この条件下ではある現象が起きる。そして、条件は整った。ゆえにその現象が必然的に起きる。

このように考える。以上が、非生命界の出来事を説明する際の私たちの思考過程である。これは証明的方法である。また証明は、現象を完全に概念で裏打ちし、知覚と思考を重ね合わせるがゆえに、学問的方法と言える。

16-29 しかし生命科学においては、この証明的方法は役に立たない。典型は、特定の条件下で特定の現象が起きるとは決定しない。また典型は、互いに無関係で外的に対置しているだけの諸部分の関係は規定しない。典型は自分自身の諸部分の法則性だけを決める。自然法則とは異なり、典型は自分を越えて何かを決めることはない。したがって、特殊としての生物フォルムは、普遍である典型形態からのみ発展させられ、また知覚可能な実際の生物は、典型からの被導出フォルムと一致するはずである。ここでは、証明的な方法に、発展的な方法が置き換わる。ここで確定されるのは、外的諸条件が次々に作用することで、ある特定の結果が生じるという点ではない。そうではなく、ある特定の外的条件下で、典型から、特殊としての形態が形成されるという点である。ここが生命科学と非生命科学との根本的な相違である。研究方法におけるこの相違点を最もきちんと踏まえていたのが、ゲーテであった。またゲーテは誰よりもはっきりと、暗い神秘主義、目的論、特別な創造思想などを想定せずに、生命科学が学問として成り立たなくてはいけないと認識していた。さらには、非生命的自然科学の方法を生命界にも適用しようとする不当な要求から、ゲーテほどしっかりと距離をおいた人はいない[2]。

■ 直観は生命科学における学問的方法

16-30 すでに見たように、典型は根源現象より内容豊かな学問形

---

2 新版の注:「研究方法における」……私の著作では、《神秘的傾向》や《神秘主義》がさまざまな仕方で語られている。このいろいろな表現の間に、想像力たくましく、何らかの矛盾を読みとろうとした読者もいるが、いかなる場合も矛盾がないことは、文脈から明らかである。《神秘主義》の一般的概念を作ることができる。それに従えば、内的魂的な体験によって世界から得られたもの、それらの総称が神秘主義である。まず、この概念には反論の余地はない。なぜなら、そのような経験が実際に存在するからである。その経験では、人間の内面が明らかになるだけでなく、世界についても明らかになる。色の世界を体験するためには、色が作用する目を持たなくてはならない。しかしそれによって、目を体験するだけでなく、世界についても体験する。世界のある種の事物を体験するためには、魂的器官が必要である。

しかし、それをしっかりとした認識にするためには、神秘主義的器官による経験を、完全なる概念的明晰さで裏打ちしなくてはならない。ところが、概念的明晰さを避け、《内面》に逃避する人たちもいる。彼らが呼ぶ《神秘主義》とは、理念の光による認識から離れ、理念の照明のない闇である感情世界につながっている。この類の神秘主義を、私は著作のいたるところで退けてきた。理念の明晰さを思考的に保つ神秘主義、普通なら闇としての感情が荒れ狂う領域で働いている神秘的器官を、魂的知覚器官へと育成する神秘主義、まさにそのために私はすべてのページを割いている。この魂的感覚の霊的（精神的）なものに対する関係は、目や耳が物質界に対する関係とまったく同じである。

式である。また根源現象の場合よりも、集中的な精神作業を必要とする。非生命的自然における考察では、その内容は感覚知覚として与えられる。生命的自然の場合には、精神を介してのみ得られるものが、非生命界の場合には、感覚器官で直接に得られる。甘味、酸味、温冷、光、色などを知覚するには、健康な感覚器官が必要なだけだろう。そして思考内で、この素材に対応する形式を見つければよい。典型の場合は、内容と形式が非常に緊密に結びついている。それゆえ、法則は内容を純粋に形式的に規定するが、典型は内容を、内側から、生き生きと、自分自身のものとして満たしていく。ここにおける私たちの精神の課題とは、形式的なものを保ちつつ、内容の産出にも創造的にかかわることなのである。

16-31 内容と形式が直接に関連する思考方法は、昔から直観的思考[3]と呼ばれてきた。

---

3 訳注「直観的思考」について：直角三角形におけるピタゴラスの定理 $a^2 + b^2 = c^2$(ただし c は斜辺) はよく知られている。その証明の字面を追って読んでも、私たちは「理解した」と感じることはない。文字で表記された一連の現象を内的に体験しきったときにはじめて「わかった」と感じる。難しい内容では、何回読んでもわからなかったものが、ある時、突然にわかることもある。このわからない状態とわかった瞬間の違いを観察すると直観の意味が明確になる。つまり、わかった瞬間には、自ら活動しながら自分と証明の道筋とが完全に一体になっている様子が見られるだろう。精神的事実（この場合は証明の道筋）と自分とが完全に一体になる体験こそが直観である。そして、興味深いことに「自分が証明を理解した事実」は完全に内的体験で、その事実を外的には証明できないのである。仮にその定理の証明をすべて書くことができても、それは証明の字面の丸暗記と区別できない。つまり、直観においては、その内容の正しさが体験として得られる。これを直観の一つの実例と考えると、以下の記述が予想しやすいはずである。もちろん、本章では生命現象を捉える直観が述べられているので、それは数学理解における直観に比べ高度である。

16-32 直観は学問の原則としてくり返し登場する。イギリスの哲学者リードは、直観とは、外界の現象を知覚（感覚印象）すると同時に、対象の存在性を確信するものであるとしている。ヤコービは、神についての感情の内には、単に感情だけではなく、神が存在するという保証も与えられるという誤った思い込みをした。こうした判断も直観と呼ばれる。これからもわかるように、直観の特徴とは、内容の中に内容以上のものが含まれていること、また証明ではない直接的な確信だけで、思考的規定がわかってしまうことである。《存在》などの思考的規定は、知覚される事柄で証明される必要はなく、内容と不可分一体なかたちで把握されると信じられている。

16-33 ところが、そのことが典型では実際に当てはまる。それゆえ典型は証明の手段を提供できず、単に、個々の特殊としてのフォルムを自らの内から発展させる可能性を与えるだけなのである。さらには、典型の把握の際には、自然法則の場合よりもずっと集中した精神作業が必要になる。精神は形式と同時に内容をも創り出さなくてはならない。典型では、ある活動を精神自らが担わなくてはならない。これは非生命科学では感覚で与えられたし、私たちが観照[4]と呼ぶ活動である。つまりこの高次の段階で、精神それ自体が観照をも行なう必要がある。私たちの判断力は、思考しつつ観照し、観照しつつ思考しなければならない。つまりこれは、ゲーテによってはじめて提唱された観照的判断力のことである。カントは、人間には本性上この判

4 訳注：観照とは「観ること」である。日常的には物体を肉眼で観るばあいとして用いられるが、ここでは理念的内容を、さらには理念から知覚可能なものが生まれ出るプロセスを観ることを意味している。

断力が与えられていないことを証明しようとしたが、ゲーテはここで、観照的判断力が人間精神における必然的な理解形式であることを示した。

16-34 生命界における典型が非生命界における自然法則（根源現象）に対応し、直観（観照的判断力）が証明的（思索的）判断力に対応する。かつては、低次の認識段階で決定的である諸法則が生命界にも適用できる、つまりどちらに対しても同一の方法が有効であると信じられていた。しかし、これはもちろん間違いである。

■ 直観を非学問的とする見解の吟味

16-35 学問の世界では、ほとんどの場合、直観は蔑視されてきた。ゲーテが直観によって学問的真理を得ようとしたことを、人はゲーテの精神の未熟さと見なした。多くの人は、学問的発見においては直観が非常に有益だと考えている。この場合、方法論的に訓練された思考よりも思いつきの方がはるかに遠大な着想を与えてくれると言われる。思いつきで偶然に真理が見出され、その正当性が後に研究者の回り道によって証明されると、その思いつきが直観と呼ばれるからである。しかし、直観自体が一つの学問原則でありうるという点は常に否定されている。学問的価値を持つとしたら、直観によって引き下ろされたものが、後に証明されなくてはならないと考えられている。

16-36 このように人は、ゲーテの学問的業績も精神豊かな思いつきと見なしたし、後になってその思いつきを厳密な学問が裏づけたと考えた。

16-37 しかし、生命科学にとっては、直観こそが正しい方法なのである。まさに直観という精神の力を持っていたからこそ、ゲーテは生命界で正しい道を発見したし、それはこれまでの論述で明らかになったと考える。生命科学に特有な方法と、彼の精神的素質とが一致していたのである。それゆえゲーテには、生命科学と非生命科学の方法論的な違いが誰よりも鮮明に見えていた。一方が他方を際立たせていたのである。それゆえゲーテは、非生命界の本質も鋭く描き出している。

16-38 直観による業績には、証明的科学と同等の信憑性は認められないと人は考えているし、それが直観に対する過小評価にもつながっている。智、それは証明されたものだけであり、その他すべては信仰にすぎないとよく言われる。

16-39 世界の核を本質に満たされたかたちでは認識できないとする学派と、思考内でその核を本質に満たされたかたちで把握できると確信する私たちの学問的方向性では、直観の持つ意味がまったく違っている。

> 経験されるにしろ、思考によって捉えられるにしろ、私たちの眼前にあるのは此岸の世界で、隠れた彼岸世界には、さっと見て見えないだけでなく、学問研究でも知りえない未知の能動存在があり、この眼前の世界ではその存在の残照や写し絵しか見ることができない、

と考える人々がいる。彼らは、事物の本質を洞察するにあたっての不足を、証明的方法で補おうとする。なぜなら彼らは、考えの中に存する本質的に満たされた内容によって、つまり事柄自体によって、思考が直接に結合されることを洞察しきっていない。それゆえ、思考結合は、証明が不能不要で自明な根本的確証群（公理）と矛盾しないときにのみ成り立つとする。そう

いう人たちに学説を証明抜きで示すと、まさにその本性からして証明的方法では説明できない学説を示すと、彼らはそれを外から押しつけられたように思う。その正当性の根拠が洞察されないまま、真理が彼らに近づいてくる。智を得たとか事物を洞察したとは思えず、その正当性の根拠が自分の思考能力の圏外にあり、単に信じるだけの世界に入り込んでしまったと思う。

16-40 私たちの世界観は、証明的方法の限界がそのまま学問的確信の限界であるとする危険とは無縁である。世界の核が私たちの思考に流れ込むのであり、世界の本質について考えるだけでなく、思考そのものが現実の本質と共に歩むという見解にまで導かれる。私たちにとっては、直観による真理は外側からの押しつけではない。なぜなら、私たちとは正反対の方向をとる学問で前提とされる内と外の区別が、私たちには存在しないからである。私たちにとって直観とは、直接真理の内に居ることであり、真理に参入することであり、真理を見るに当たってすべてが私たちに与えられることを意味している。直観は、直観的判断として与えられているものの中で、完全に開花する。信仰の特徴は、私たちに既成の真理だけが与えられ、その根拠が与えられておらず、対象を見通す洞察力も与えられていないという点にある。しかし、直観にはそうした特徴はまったくない。直観という道筋で得られた洞察は、証明されたものと同様に学問的なのである。

■ ひとつの生命体はひとつのコスモス

16-41 一つひとつの個別の生物は、典型が特殊としてのフォルムにまで形成されたものである。それは、自分自身の中心から全体を統御し決定する一つの個体である。それは自己完結した全体であり、非生命的自然でそれに相当するものとは、コスモスである。

■ 非生命科学、生命科学の理想

16-42 あらゆる現象の総体を統一的なシステムとして捉え、またそれによってあらゆる個別的現象を、コスモスの一部分として認識すること、それが非生命科学の理想である。それに対し生命科学の理想とは、典型とその表現形の中に個別生物の発達を可能なかぎり完璧なかたちで一連のつながりとして見ることである。ここで重要なのは、典型があらゆる現象を貫いていることである。非生命科学では体系が成り立ち、生命科学では（個々のフォルムと典型との）比較が成り立つ。

16-43 地上という限られた領域で得られた真理が、スペクトル分析や天文学の進歩によって宇宙全体にまで拡張される。これによって学問は第一の理想に近づく。第二の理想は、ゲーテが適用した比較の方法の適用範囲が正しく認識されたときに成就するだろう。

F 精神科学

第17章
序 ： 精神と自然

■ 自然科学的認識の意義

17-01 自然認識の領域は語り尽くした。生命科学は、自然科学の最高の形式である。それを越えるのは精神諸科学である。精神科学と自然科学とでは、対象と向かい合う際に、異なった精神的姿勢が要求される。自然科学では、精神は全体を統合する役割を担う。精神の課題は、言わば世界の生成過程そのものを完結させることであった。そこにあるものも、精神抜きでは現実の半分にすぎないし、未完成で、どれも断片にすぎない。主観的な精神が介入しなくても、原動力は現実の最奥に存在するが、これを内的現象として存在へと引き上げるのは、精神なのである。もし人間が精神的能力を欠く単に感覚知覚だけを行なう存在だったら、非生命的自然は自然法則に従っているはずであるが、法則自体が現実として現われることは決してない。この場合、被作用体（感覚世界）を知覚する存在はいるにしても、作用能動体（内的法則性）は誰からも認識されないことになる。人間精神に現われる自然の姿こそ、真の姿、最も真実なる姿なのであって、単なる感覚存在にとってはその外観しか存在していない。ここで学問は重大な意味を持つことになる。学問とは創造の業（わざ）の最終結末なのである。それは、人間意識内で行なわれる、自然自身に対する自然による働きかけである。自然を形成する一連の諸過程の最終段階が思考なのである。

■ 精神科学の使命

17-02 精神科学はそうではない。この分野では、私たちの意識は精神的内容そのものと取り組む。個々の人間の精神、文化の所産、文学、学問の確信の連鎖、芸術的創造がその対象である。精神的なものが精神によって把握される。その他の領域では精神的に把握されてはじめて現われる法則性や理念が、ここでは現実の中にすでに現われている。自然科学では対象を考察することではじめて得られるものが、ここでは対象が生まれるその原初から、そこに込められている。したがって、学問の役割は違ってくる。学問の働きがなくとも、対象はすでに本質を内包している。私たちが取り組むのは、人間の営み、人間の創造作品、人間における理念である。したがってそれは、人間の、人間自身に対する働きかけである。ここで学問は、自然に対するのとはまた別の使命を果たさなければならない。

17-03 ここでも、こうした使命は人間の欲求として現われる。人間の精神的渇望によって、自然の現実に対応する自然の理念を探求する必然性が生じたのと同様に、精神科学でもまず、人間の精神的渇望が出発点となる。ここでもまた、主観的欲求を目覚めさせるのはある客観的な事実なのである。

17-04 人間は、外的基準、つまりそこを支配する法則に従って他の存在に作用する非生命的自然存在であるはずはないし、また、普遍的な典型から導かれる個的フォルムであるはずもない。自らの存在の目標、目的、自らの行為を自分で設定するはずの存在である。もし人間の行為がある法則の結果であるなら、その法則は、人間が自分自身に与えた法則でなければならない。同胞、国家、歴史の内にあって、人間自身と言えるものを、外的な規範から決めてはならない。人間は、自分自身に従って、自分自身でなくてはならない。複雑なつながりを持つ世界にどのように関係するかは、人それぞれである。世界の営みに参加するために、人は自分の基点を見つけなければならない。ここに精神諸科学の課題がある。精神世界[1]とのかかわり方を決めるために、人間は精神世界を知らなくてはならない。そこから心理学、民族学、歴史学の果たすべき使命が生じる。

■ 自由が中心概念

17-05 法則と作用が別々で、法則が支配する中で作用が現われること、これが自然の本質である。これに対して、両者が一致すること、作用能動がその結果の中に直接生き、そこに現われること、被作用体が自己を規定していること、これが自由の本質である。

17-06 それゆえ精神科学は、真の意味で自由学なのである。自由という概念をその中心とし、それがこの学問の支配的理念でなければならない。それゆえ、シラーの美学書簡集はこの分野での一つの高みと見なされる。なぜならそこでは、美の本質を自由の理念の内に見ようとし、それらすべてを貫く原則が自由だからである。

1 訳注:「精神世界」といってもここでは理念界くらいの意味で、この時点ではルドルフ・シュタイナーが後に語る超感覚的世界は含まれていない。

■ 精神科学における普遍と特殊

17-07 精神は、普遍界の中、つまり世界全体の中において、ある位置をとる。その位置とは、精神が個として現われうる、まさにその位置である。生命科学においては、常に普遍なるもの、つまり典型の理念を視野に入れなくてはならないが、精神科学においては、人格[2]の理念を持ち続けなくてはならない。普遍性（典型）の内に生きている理念ではなく、個々の存在（個体）に現われる理念こそが中心課題なのである。もちろん、偶然に選んだ一人の人格や、この人かあの人かの人格が基準になるのではない。そうではなく、人格そのものが基準になる。そして、《人格そのもの》とは、特殊として感覚的に形態化することはない。それ自体で充足し、それ自体で完結し、自らの内に自分の意味づけを持っている。

17-08 典型は、個体においてはじめて実現するというかたちで規定される。それに対し人格は、初めから理念的なものとして、自分自身の上に成り立つ現実的存在性を獲得することで規定される。同じ普遍的と言っても、自然の普遍的な法則と人間本性の普遍性とはまったく違う。自然においては、特殊が普遍なるものによって規定されるが、人間という理念においては逆に、普遍たるものが特殊によって規定される。歴史から普遍法則を聞き取れるとするなら、その法則となるものが、歴史上の人物たちによって目標、理想として掲げられたからである。この点

---

2 訳注：ここでルドルフ・シュタイナーが言う「人格」とは、人間存在の精神的な部分を意味する。新版の序の第 11 段落の最後に述べられた「身体とは無関係な精神的存在としての自分が、純粋な精神世界に立つ姿を人間は内的に見ることができるという事実である」という中の《精神的存在としての自分》を指す語が人格である。

は、自然界と精神界で内的に正反対である。直接に与えられたものから精神的に捉えうるものへの上昇、すなわち規定されたものから規定するものへの上昇が、自然を対象とする学問には必要とされる。それに対し、与えられたもの、すなわち規定するものから規定されるものへと進んでいくのが、精神を対象とする学問なのである。特殊であるものがまさに法則を与える点に、精神科学の特徴がある。それに対し自然科学の特徴は、普遍的なものが法則を与える役割を担っている点にある。

17-09 自然科学においては過程としての意味しか持たないもの、すなわち特殊なるもの、それだけが精神科学における興味の対象なのである。自然科学においては、普遍の解明が問題であるが、精神科学においては、特殊を明らかにする点だけが問題である。

17-10 自然を前に、個として直接に与えられているものに留まるならば、それは学問の精神に反する。しかし、たとえばギリシア史を一つの普遍的な概念シェーマでまとめようとするなら、それもまた精神の撲殺に等しいだろう。自然界では、現象に密着した感覚的なものだけでは、学問にはならない。精神界では、精神を普遍的雛形に従って働かせるなら、個からすべての意味が失われるだろう。

第18章
心理学的認識

■ 自己を観る能力

18-01 まず、精神が自らとかかわり合う学問は心理学である。ここでは、精神が自己と向き合い、自らを観察する。

18-02 フィヒテは、自己の内に自らの存在性を担っているものだけを人間存在とした。別の言葉で言えば、呼び名は特徴、性質、能力等々であるが、人間人格とはあるもの、つまり自分自身の本性を洞察するという特徴だけを持つ。人間が何らかの能力を持っていたにしても、もしその能力に気づいていなかったら、この能力を自分のものとは認識しないだろうし、未知なるものの能力だと考えるだろう。フィヒテは、この真理を根拠にあらゆる学問を打ち立てられると勘違いしてしまった。この真理は、心理学の第一原則となるものだった。これによって心理学の方法が決まる。人間がこの性質を持つのは、精神が自らにこの性質を付与したがゆえにであり、それゆえ心理学の方法は、活動する精神それ自体の活動に深く分け入ることにあたる。つまり、ここでの方法とは自己把握である。

■ 生命科学と比較した心理学の核心

18-03 もちろん、このように言うからといって、心理学が、どこか誰かの人間個体の偶然的諸性質を対象とする学問に留まるわけではない。ある個人に偶然に見られる特殊な事柄や非本質的な特性から個としての精神を抽出し、観察を人間的な個[1]自体にまで高めようとするのである。

18-04 どこかの誰かという個人を観察するのではなく、自らが自らを規定する人間的な個そのものを明らかにすること、それが心理学の主題である。これを人類の典型と考えてしまったら、典型と普遍化概念とを混同している。典型の本質とは、それが普遍であり、その対極に個々のフォルムという特殊がある点である。しかし、人間的な個という概念にこれは当てはまらない。ここでは普遍が個々の存在内で直接に活動しているが、ただこの活動が向ける対象に応じてさまざまに現われるのである。典型は個々の諸フォルムの中に息づいていて、その中にあって外界と相互作用を行なう。人間精神はただ一つのフォルムしか持たない。しかし、あるときには何らかの対象に感情を動かされ、またあるときは何らかの理想が行動へと駆り立てる。これは一つに特殊化した人間精神のフォルムではない。そこでは、常に人間全体、全人がかかわっている。この全人を把握するためには、全人を周囲から切り離す必要がある。典型に達したいなら、個々のフォルムから原フォルムへと上昇する必要があった。精神に到達しようとするなら、精神が発する表明や精神による個々の行為から目を転じ、精神それ自体を観察する必要がある。個々の状態において精神がどのように振る舞ったかではなく、精神そのものの行為を注意深く聞き取らなくて

1 訳注：「人間的な個」とは Individuum の訳語である。これも前述の「人格」と同様に、人間の精神的な部分を指す。

はならない。典型の場合には、比較によって、個別的フォルムから普遍的フォルムを引き離す必要があった。心理学においては、個別的フォルムをまずその周囲の世界から切り離す必要がある。

18-05 個別の存在の中に、普遍的形成、つまり原フォルムを認識する生命科学とは違い、特殊を見ることがそのまま原フォルムそのものを見ることを意味する。人間の精神存在とは、原フォルム理念からの一つの形成、ではなく、形成そのものなのである。自らの内面を知覚することで人間内面に統一的本性があると確信する（直観的自己把握）というのがヤコービの考えであるが、この見解は間違いで、私たちはこの統一的な本性そのものを実際に自分で知覚する。他の分野では直観であるものが、心理学ではまさに自己観察になる。存在の最高次の形式においては、実際、そうでなくてはならない。精神が現象から読み取りうるものこそが、精神が獲得しうる内容の最高形式である。自己を内省するならば、精神は自分自身がこの最高形式の直接の顕現であり、最高形式の担い手であることを認識するはずである。精神が、多形的な現実の中に見出す一体なるものを、精神は自らの唯一性の中に直接の存在として見出すはずである。普遍に対置する特殊を、精神が自らの本性自身として、精神自身の個において追認識するはずなのである。

■ 現代心理学は非生命科学の方法を踏襲

18-06 以上のことから、精神の性質としての能動性に着目したとき、真の心理学が得られることがわかる。今日では、この方法の代わりに別な方法をとろうとしている。その方法は、精神そのものではなく、精神の発露たる現象を研究対象にしてしまっている。ちょうど非生命的自然において諸事実を外的な関連にまとめるのと同じやり方で、精神の現われ一つひとつを、ある外的な関連のもとにまとめることができると考えている。こうして《心を見ない心理学》を確立しようとしている。私たちの考察からは、この方法ではまさに一番肝腎な点が見落とされることがわかる。本来なら精神の現われと精神を切り離し、現われの生産者としての精神そのものに立ち戻るのが望ましいのである。ところが研究対象を前者（現われ）だけにしてしまい、後者（生産者としての精神）を忘れている。ここでもまた、力学、物理学などの方法をあらゆる学問に適用しようとする例の誤りに陥っている。

18-07 個々の行為と同様、統一的魂も経験しうる事柄である。思考、感情、意志が個人の《自我》から発することは周知である。人格のいかなる活動も、本性としてのこの中心と結びついている。ある行為において、この人格との結合を無視するなら、その行為は魂の現象ではなくなってしまう。そして、非生命界や生命界の概念に陥ってしまう。机上に二つの球を置き、一方の球を他方に衝突させるとき、私の意図や意志を無視するなら、すべては物理的、ないし生理的出来事に解消してしまうだろう。本質を認識するには、思考、感情、意志というあらゆる精神の現われにおいて、それを人格の発露と見ることが重要である。心理学はこれを基礎としている。

■ 民俗学、国家学への拡張

18-08 ところで人間は自分自身にだけ属するのではなく、社会にも属している。人間の内には彼の人間的な個だけではなく、彼が属する民族の個も息づいている。彼の行為とは、彼の力によるものであると同時に、民族の力によるものでもある。自分の使命を果たすことによって、同時に民族共同体の使命の一部をも果たす。その際重要なのは、彼の民族内における位置が、彼の個体性からの力を十全に発揮しうるものであるという点である。これが可能なのは、民族有機体の中で、一人ひとりが自分のテコの支点を置ける場所を見出せるときだけである。彼がその場所を見つけられるか否かが、偶然に委ねられてはならない。

18-09 民族共同体の中で個がどのように活動するかを探求するのが民族学と国家学の課題である。民族としての個がこの学問の対象である。民族としての個が発現しうるために、国家有機体はどのような形態をとらなくてはならないかをこの学問は示さなければならない。ある民族の憲法は、その民族の最奥の本性を基に、発展形成されなければならない。この点においても、少なからぬ誤謬がまかり通っている。人は国家学が経験科学ではないとしている。あらゆる民族の憲法を、ある決まった鋳型に従って制定できると信じているのである。

18-10 ある民族の憲法とは、その民族の個的な特性がはっきりと法律のかたちに規定されたもの以外の何ものでもない。ある民族がどの方向で活動するべきかを示そうとするなら、この民族に外側から何も押しつけてはならない。その民族特性の内に無意識に潜んでいるものを語るだけでよい。「悟性のある者が支配するのではなく、悟性が支配する。理性のある者ではなく、理性が支配する」とゲーテは語った。

18-11 民族としての個を理性的なものとして捉えることが、民族学の方法である。つまり理性の組織体である全体に、人間は属している。ここでまた私たちは、ゲーテの意味深い言葉を引用することができる。

> 理性的世界は、偉大で不死なる個として捉えられ、それはまた絶えず必然的なものに働きかけ、それどころか偶然的なものさえ支配する。

……心理学が個々人の個の本質を探求するのと同じように、民族学（民族心理学）は、その《不死なる個》を探求しなければならない。

第19章
人間の自由

■ ドグマ哲学の行動規範は掟

19-01 私たちの洞察は認識の源泉にまで達したので、それは当然、具体的行為についての見解にも影響を与える。人間は、自らの内に存する思考的規定に従って行動する。彼の行為は彼が自ら定めた意図、目的に沿っている。こうした行為の特徴は、当然ながら、その人の思考世界の目的、意図、理想などの特徴と同じはずである。すると、ドグマ的学問の実践的真理もありうるだろう。もちろんそれは、私たちの認識論の帰結である実践的真理とは本質的に異なっている。学問的真理の条件となるある種の必然性が、思考の及ばないところにあるならば、行為の根拠となる理想もまた、達しえぬ必然性からの影響を受けるだろう。そのとき人間は、具体的な根拠を捉えられない諸規則に従って行為することになる。外側から自分の行為を定める規範を考え出す。これが守るべきとされる掟の特徴である。ドグマからの実践的真理とは道徳的な掟である。

■ 自由を保証する認識論の特徴

19-02 私たちの認識論を根底にした場合には、事情はまったく違ってくる。この認識論では、真理の内に展開する思考内容以外には、真理の根拠を認めない。したがって、何らかの道徳的理想が形成されるなら、その理想の内容に存する内的な力が、私たちの行為を導く。私たちが理想に従って行動するのは、その理想が法則として与えられるからではない。そうではなく、理想の内容が私たちの内で作用する能力を持つからである。行動へと駆り立てる力は、私たちの外にではなく、内にある。義務的掟に対して私たちは服従を感じるし、その命令ゆえにある特定の行為をせざるをえなかった。まず義務が現われ、意志はその義務に従うだけである。私たちの見解では事情は異なる。意志とは至上である。人格内に思考内容として存するものだけを遂行する。人間は、外的権力から法則を受け取るのではなく、自分に対して自身で法を定める。

19-03 私たちの世界観からすれば、人間に法則を与えているのは何者なのだろうか。世界根拠は、自らを世界の中に完全に注ぎ尽くしている。世界の外に留まり、世界を外から操作しようとはしなかった。世界根拠は世界の内側から作用している。何一つ惜しまずに世界に与えた。通常の状態で、世界根拠が現われる現実での最高の形式、それは思考であり、またそれを有する人格なのである。世界根拠が目的を持つとするなら、それは、人間がそれと共に生きることで自らに課す目標と完全に同一である。世界指揮者の掟を研究するからではなく、自らの洞察に基づいて行為することによって、人間は世界指揮者の意図に従って行動していることになる。なぜなら、人間の洞察の内にその世界指揮者が生きているからである。世界指揮者の意志は、人間外のどこかで活動しているのではない。すべてを人間意志に委ねるために、自らのあらゆる意志を放棄したのだ。人間が自らの立法者でありうるために、人間外からの世界規定という思想、あるいはそれに類するものすべては放棄されなくてはならないからである。

19-04 この機会にクライエンビュールの的確な論文（月刊哲学、18巻、第三冊）を取り上げてみよう。個に由来する直接の規定からのみ行為の基準が生じてくる様子が、正しく述べられている。

> 倫理的に偉大なことが遂行されるのは、道徳法則の権力がそれを方向づけるからではなく、ある個的な理念から直接に衝動が起こるからである。

19-05 この見解に立つときにのみ、人間にとって真の自由が可能である。自らの内に行為の根拠を持たず、掟に従わざるをえないとするなら、人間は何らかの強制の下で行為していることになる。そのとき人間は、何らかの必然の支配下にあり、その意味では単なる自然存在とほとんど同じである。

19-06 それゆえ私たちの哲学は、最高度の意味で自由哲学[1]なのである。この哲学では、言葉の真の意味において、人間が自らの主となりうるためには、外部から世界を導くあらゆる力が、すべて排除されなくてはならないことを、まず理論的に示している。道徳的な行為とは、それは義務の遂行ではなく、人間の自由な本性の顕れなのである。人間の行為とは、そうすべきだから行なうのではなく、そうしたいから行なう。ゲーテの次の言葉も、同様な考えである。

> レッシングはさまざまな制約を不自由と感じ、登場人物に、『誰もやらねばならぬと強制されてはならない』と語

---

1 新版の注：「自由哲学」……この哲学の理念は後に『自由の哲学』(1894)においてさらに発展させられた。

らせた。陽気な智恵者は、『やりたいと思うなら、それはすべきだ』と語り、三人目、彼は学者だが、そこに加えた。『洞察すれば、やりたいとも思うだろう』と。

つまり、行為の原動力とは、私たちの洞察以外にはない。何の強制も加わることなく、自由な人間は自らの洞察に従って行為し、自らが自らに与える掟に従って行為する。

■ カントとシラーの自由をめぐる論争

19-07 この真理をめぐってのカントとシラーの議論は有名である。カントは義務の掟という立場をとった。彼は、道徳法則が人間の主観性に従属するとしたら、道徳法則が貶(おとし)められると考えていた。カントの見解に従えば、人間は、主観的な衝動をすべて放棄し、崇高なる義務に身を投げ打って真摯に行為するときにのみ道徳的と言える。シラーは、この見解は人間の本性を貶(おとし)めると考えた。道徳的であろうとするときには、自らの衝動を完全に排除しなければならないというほどまでに、人間本性は劣悪だと言うのだろうか。シラーとゲーテの世界観は、ここで示した見解にのみ、その真の姿を見ることができる。人間自身の内にこそ、行為の原点を求めている。

■ 歴史学とは個の自由な現われの集積

19-08 したがって、その対象が人間である歴史を語るにあたって、人間の行為の外的原因とか、時代の持つ理念とかを引っ張り出してはいけないし、歴史の根底にある計画などという考えは最も避けるべきである。歴史とは、人間の行為、思想などが展開したもの以外の何ものでもない。

> いかなる時代でも、学問に働きかけたのは個人だけであり、時代ではない。時代はソクラテスを毒殺した。時代はフスを焚刑に処した。時代は常に時代であり続けた、

と語ったのはゲーテであった。第一に歴史の根底に何らかの計画性を規定するなら、それは歴史の本質から生じる方法、つまり歴史的方法に反する。この方法の目標は、人類の進歩に対する人間の貢献、諸人格が抱いた目標、そして諸人格が時代に与えた方向性を知ることである。歴史とは、人間本性だけを土台に築き上げることができる。把握されるべきは、人間本性の意志、人間本性の傾向である。たとえば、「人間は低次の段階からより高次の完成段階へと教育されていく」といった歴史の目的性という思想がある。しかし、私たちの認識学はそうした目的性は一切認めない。またヘルダーは『人類史の哲学についての理念』の中で、歴史的事件を、自然現象を捉えるのと同じように、原因と結果の連続的経過として記述しようとしているが、これもまた、私たちの見解からすれば誤りである。歴史法則の本性は自然法則よりずっと高次だからである。物理学的事象は他の事象を規定するが、そこでの法則は（理念であり）、現象より上位にある。歴史的事実は、ある理念に規定された、それ自体理念的なものである。ここに原因と結果を引き合いに出すとしたら、それは外面しか見えていないことになる。宗教改革の原因はルターである、などとしたら、それが事実の再現であるなどと誰が思うだろうか。歴史とは本質的に理念学なのである。その現実がすでに理念である。したがって、対象と一体となることが唯一の正しい方法である。その対象から離れてしまうなら、それはすべて非歴史的である。

19-09 心理学や民族学、歴史学は[2]、精神科学の中心的領域である。これらの学問の方法は、理念的現実を直接に把握することを基礎としているし、それをこれまで見てきた。非生命科学の対象は自然法則であり、生命科学の場合は典型であったように、精神科学の対象は理念、精神そのものなのである。

2 新版の注：「心理学や民族学、」……アントロポゾフィーと私が名づけた活動において、私はさまざまな分野で力を注いできた。そうした現在、もし本書を書き直すとしたら、ここにアントロポゾフィーも付け加えなければならないだろう。本書を書いた40年前に私が思い浮かべていた《心理学》は、通常の心理学とはやや異なった意味合いを持っており、《霊界》全体の観照（精神学、プノイマトロギー）も含んでいた。したがって、私の当時の人間認識に《霊界》認識が含まれないと結論することはできない。

第20章
楽観主義と悲観主義

■ 幸福の根拠は本人の内に

20-01 世界秩序の中心は人間であるという点を明らかにしてきた。精神として人間は最高の存在形式に達していて、思考において世界プロセスを最高段階にまでもたらす。人間が照らしているかぎりにおいて事物は現実なのである。この見解では、自身の支え、つまり存在の目標および核を、人間は自分自身の内に持っている。それゆえ、人間は自己充足的存在になる。また人間は、自らにかかわるあらゆることの拠り所を、自らの内に見出さなければならない。自らの幸福についても同じことが言える。人間が幸福になるとしたら、それは自分自身のおかげなのである。したがって、外から人間に幸福を与えるいかなる力も、人間を不自由へと押しやる。まず人間が、自らの内に拠り所を見つける能力を得なければ、人間は満足することはない。対象が私たちに対し快を生み出す力を持つとするなら、その快は私たちがその対象に与えなくてはならない。人間にとって、高次の意味において快や不快が存在するのは、人間がそう感じるときだけである。以上であらゆる楽観主義や悲観主義が破綻する。楽観論では、世界はすべて善であり、人間を最高度に満足させてくれると仮定する。仮にそうだとしても、世界に存する対象物の中から、求めるものを人間が勝ち取らなくてはならない。つまり、世界によってではなく、自らによってのみ人間は幸福になりうる。

■ 不幸の根拠も本人の内に

20-02 これに対して悲観主義では、世界は人間に決して満足を与えないようにしつらえられていて、人間が幸福になることは絶対にないとしている。もちろんここでも対楽観論と同じように反論できる。外界自体は善くも悪くもなく、人間しだいでどちらにもなりうる。悲観主義に根拠があるとするならば、人間が自分自身を不幸にしていったはずなのである。人間が不幸への要求を持っていたはずなのである。ところで、求めているものが得られれば、それはまさに幸福の根拠になる。悲観主義の推論を徹底させれば、（自ら求めているもの、つまり不幸が手に入っているのであるから）不幸の内に幸福を見ていることになる。これで悲観主義は破綻する。この一点を考慮すれば、悲観主義の誤りは十分に明らかになる。

G 結論

第21章
認識と芸術的創造

■ 認識と芸術の相互関係

21-01 ほとんどの場合、認識とは単なる受け身のものと思われているが、私たちの認識論ではそこから脱し、人間精神の能動的な活動であると捉えた。通常は、学問内容とは人間が外から取り入れたものと考えられている。実際、精神が何かを把握するときに、精神独自のものを付け加えることが少なければ少ないほど学問的客観性が高いとされる。しかし、真の学問内容とは、知覚された外的素材ではなく、精神が把握した理念である。そしてその理念によって私たちは、単なる経験、外界の観察、その分解などによるよりもはるかに奥まで、世界の運行に入って行きうる。学問の内容は理念である。それゆえ学問とは、知覚が受け身的に得られるのとは逆に、人間の精神活動あっての産物なのである。

21-02 こうして認識も、芸術的創造が生産的活動であるのと同様、生産的であることを示した。それと同時に、この二つの相互関係を明らかにする必然性が生じてくる。

21-03 認識的活動、芸術的活動の両者には共通する基盤がある。つまり、現実界において自身を産物から生産者へと高める点である。そこで人間は、被創造物から創造者へ、偶然性から必然性へと上昇していく。外的現実は私たちに対して、いかなるときも創造的自然の産物としての面しか見せないが、精神において私たちは、そこに創造者が現われる一なる自然にまで自らを高める。創造的自然の懐には無数の可能性が隠されているにしろ、現実界のいかなる対象も、私たちにはそのうちの一つしか示さない。精神は、このすべての可能性を内包するあの源泉を観る。こうして観たものを表現するべき客体が、学問と芸術なのである。学問は理念形式だけから生まれてくるし、言い換えれば、精神的なものそのものを媒体にして伝える。芸術においては、精神的なものが、感覚的あるいは精神的に知覚しうる物体に刻印される。学問においては、自然は《あらゆる個別を包括する》純粋な理念として登場する。芸術では、物体がこの包括的なものを表現しつつ外界に現われる。無限なるもの、それを学問は有限なるものの内に求め、理念として表現しようとする。芸術はその無限なるものを、存在世界から得られた素材に刻印する。学問において理念として現われるもの、それは芸術においては像となる。学問と芸術にとって共通の対象である無限なるもの、それが両者において違ったかたちで現われる。表現の方法が違うのである。ゆえにゲーテは、「美とは理念の感覚的残照であるのに、人はそうは言わない」と嘆いた。

■ 学問では理念として表現

21-04 ここで次のことが明らかになった。学問は自然や精神を対象とし、そこに理念としての必然を探求する。そして真の芸術家は、その必然を作品に刻印すべく、あらゆる存在の源泉から直接に創造しなければならない。学問は自然からその法則性を聞き取る。芸術もこの点では同等であるが、芸術ではさらにそれを生の素材に植えつける。芸術作品は、その本性において自然の産物と比肩しうるが、それは、自然の法則性が人間精神に現われたかたちで流し込まれているからである。ゲーテはイタリアで偉大な芸術作品に接し、人間が自然界から見て取る必然性が、そこに直接的に写し取られているのを観た。それゆえ彼にとっては、芸術も、隠された自然法則の顕現なのである。

■ 芸術では理念を素材に刻印

21-05 芸術作品で問題になるのは、どこまで素材に理念を植え込むことができたかのただ一点である。何を扱ったかではなく、それをいかに取り扱ったかが問題なのである。学問においては、外的に知覚された素材は完全に表舞台から消え、その本質、つまり理念が残らなければならない。それに対し芸術作品では、芸術的に手を加えられることによって、素材の素材としての性質、素材の偶然性が完璧に克服された素材が残らなければならない。オブジェは偶然性の領域から完全に引き上げられ、必然性の領域にもたらされる必要がある。芸術美においては、芸術家の精神が刻印されていない部分が残されてはいけないのである。《何を》が《いかに》によって置き換わっていなければならない。

■ 学問と芸術の共通項

21-06 感覚知覚できるものを精神によって克服することが、芸術と学問双方の目標である。学問では、感覚知覚できるものをすべて精神へと解消することでこれを克服する。芸術では、感覚知覚できるものに精神を植え込むことでこれを克服する。学問では、感覚知覚できるものを介して、理念を見抜く。芸術では、感覚知覚できるものの中に理念が見出される。この真理を包括的に表現しているゲーテの言葉があるので、それを引用して私たちの考察を閉じようと思う。

> 学問とは、普遍的なものについての知見、抽出された智と名づけられると私は考えている。これに対し芸術とは、行為に応用された学問であろう。学問が理性であるとすれば、芸術は学問の実現者、したがって実践的学問と名づけられる。そうであれば、究極のところ学問は理論であり、芸術は為すべき行為である。

解説

序：解説の方向性

■ **1886** 年ドイツと **21** 世紀日本の違い

本書はルドルフ・シュタイナーが 25 歳の 1886 年に出版されました。当時、哲学界ではカント哲学が中心でした。ところがルドルフ・シュタイナーは、カント哲学を基盤にしていたのでは、人間の認識に未来がないことを洞察し、本書において人類発展につながる真の認識論を展開しました。しかし、25 歳の若輩者が学会の重鎮たちに反論するのは容易ではなかったはずです。精緻な論理で武装するだけでなく、種々の手段をこうじたのは当然でしょう。たとえば、相手の論理矛盾は鋭く指摘しつつも、文体や表現には、必要以上に相手を刺激しない気遣いが見られます。それでも、《真理に向かいうる認識論》という軸にいっさいのブレはなく、このテーマを中心に、補完的内容を絡めています。それらを列挙しますと、次のようになります。

– 真理に向かいうる認識論（中心テーマ）
– ゲーテが実践した認識論
– カント哲学の問題点
– 進化論の考え方

これらが、1886 年当時のルドルフ・シュタイナーが世に問うた内容でした。しかし、21 世紀の日本で本書を手にする人びとは、当時のルドルフ・シュタイナーが想定した読者ではありません。百年の時を隔て、文化にも意識にも大きな違いがあります。ルドルフ・シュタイナー自身のステイタスももはや若僧ではなく、自らが洞察した認識論を基礎に、改革的な教育、農業、医学、宗教運動などを展開し、実績を上げた人物と言えるでしょう。それゆえ、ルドルフ・シュタイナーに対する敬意とともに本書を手にする方も多いはずです。そして最大の興味関心は、彼のあらゆる認識の基礎となった認識論がどのようなものであるのかを知り、身に付ける点にあるでしょう。このような現代日本人がこの百年前の書物を読みますと、前提となる当時のドイツの哲学的状況がまったくわからないでしょうし、当時は不可欠であった周到な理論展開や言い回しが、やや冗長に感じられる場合もあると思われます。また、ルドルフ・シュタイナーが本書で重点を置いたゲーテとの関連も、《真理に向かいうる認識論》という観点からは、論理展開を不明瞭にしてしまう場合もあります。そこでこの解説では、《真理に向かいうる認識論》の一点に絞って、簡潔にまとめたいと思います。

本書は浅田 豊氏の翻訳で 1991 年に出版されています。その際には、私が解説を書きましたが、そこに収録した「原植物についての解説」は現在でも意味を失っておらず、ゲーテ・シュタイナー的認識方法で自然界を捉えるヒントにもなると思いました。それゆえ、骨子は残しつつ全文を書き改め、「原植物の考え方」として掲載いたしました。

ルドルフ・シュタイナー認識論の骨子

■ 人間が体験しうる二つの質、知覚と思考

図の葉がどちらもモミジであることは誰でもわかります。しかし知覚像は、完全には重なり合いません。それどころか、自然界のモミジの葉のすべてを見ても、厳密には一つひとつ異なっているはずです。つまり、知覚としては何も共通していません。知覚像は異なるのに、なぜ両者とも同じモミジであると言えるのでしょうか。この点は、徹底して考え抜く必要があります。すると、両者に共通しているのは、知覚された形ではなく、形の背景にあり、形を形成している法則性であることに気づきます。またその法則性は、知覚を補助的に必要とするにしても、基本的には思考によって捉えられることがわかるはずです。このように、《知覚から得ているもの》と《思考から得ているもの》を明確に区別することが、非常に重要なポイントになります。それができませんと、以後の文章を読んでも何も理解できないはずです。(同様の内容が、第 12 章で三角形を例に説

明されていて、それが訳者にとって決定的体験であったので、これを軸に解説します)。

■ グランド・デザイン

本書で《世界根拠》と表現されている、あらゆるものの精神的(霊的)原初がまず存在します。それはあらゆる自然法則や物質法則を包括し、さらにはその法則を物質として具現化する力すら持ちます。自然界のすべては、この《世界根拠》によってそれぞれ法則性を与えられ、その法則性を実現することで生み出されました。目の前のモミジは、モミジたらしめる法則性のまとまりから実現されてきたのです。

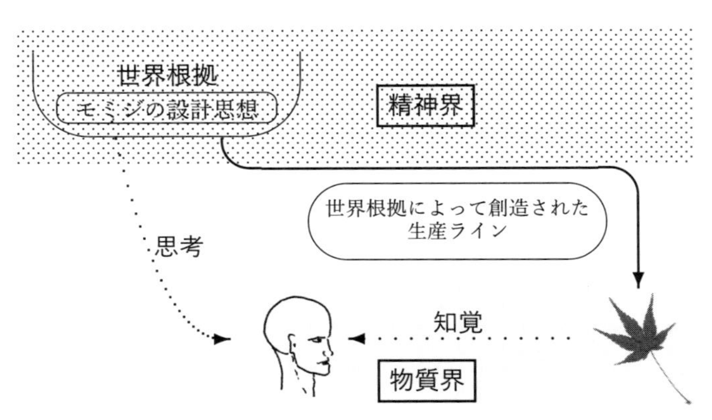

1. 設計思想に従って、物質的モミジが創造される
2. 人間がモミジの設計思想を認識することで、宇宙的円環が完結する

ここで、現代人が陥りやすい錯覚に触れておかなくてはなりません。「モミジの本質は DNA が決めている」という考え方

です。その根拠となる以下の二点は、まったく真実です。

– 生命はDNAの情報発現によって成り立っている。

– DNAの操作で生命現象を一部コントロールできる。

しかし、そこから「生命の本質はDNAである」とするのは論理の飛躍です。飛躍であるとする根拠は、「DNAが設計図集だとして、ある局面でどの設計図を使うかはどのように決まるのだろうか」という一点を考えるだけでも十分でしょう。DNAがすべての音を備えたオルガンだとしても、その奏者は別に必要なのです。つまり、DNAが生命現象にとって非常に重要な物質的条件であることに間違いはありませんが、生命現象の本質ではないのです。一冊の本は、文字の並びで成り立っていますし、現代ではその背景はコンピュータ上での文字コード配列です。その文字コードを変更すれば、本の中の文字列を操作できます。ですから、文字コード配列は本にとって非常に重要な物質的条件ではありますが、それが本の本質だと言う人はいないでしょう。本質は著者の精神活動なのですから。

《世界根拠》は、それに必要な生産ラインの構築も含めて、すべてを築き上げ、私たちの眼前にモミジを創り上げます。ただ、このグランド・デザインの正しさは、それが認識され、体験されたときにはじめて実感されるというジレンマがあります。ですので、とりあえずはこのグランド・デザインを仮説として認め、それを土台に論理的全容を構築し、これが中心的な考え方になりうることを認識するのも一つの方法かと思います。

■ 宇宙における人間の存在意義

グランド・デザインの中で、人間は二つの能力を持ちます。

感覚知覚と思考です。そして、感覚知覚によって、物質にまで表現されたモミジを見ますし、思考によって、その形成法則を認識します。

このような認識を実践するに当たっては、ルドルフ・シュタイナーが後により明確に述べた方法が不可欠です。その部分は、本書では簡単にしか触れられていませんので、少し補っておきます。モミジの葉を見て、モミジの形成法則を認識しようとするなら、まずその形を、実物を見なくても内的に作り出せるくらいにしっかりと観察し、記憶しなくてはなりません。繰り返しによってこれが確実にできるようになったら、次にはモミジの葉を再現している自らの思考を観察します。すると、葉柄を作り出すときと葉身を作り出すときでは、内的にまったく違う動きを用いていることに気づくはずです。この内的な動きこそ形成の本質に近づく鍵です。これを正しく認識しますと、モミジにおける幹から小枝への枝振りや四季を通しての色彩の変化の中に同様な動きを見出すはずです。モミジの葉が芽生えるときの光に満ちた緑色、さらには夏の落ち着きのある緑色、そしてそこから赤色に変化する様子を内的に描き出しますと、そこにはある種の動きが体験されるはずです。

内的動きに注目するこの方法は、グランド・デザインとも整合します。私たちが知覚するモミジの葉は、《できあがった形》、つまり完成品です。しかし、それはモミジの設計思想からの形成プロセスを経て生じました。ですから、その形成プロセスを認識するには、《できあがった形》から出発し、思考内での形成プロセスを遡って観察すればよいのです。

このように、人間は外界を知覚と思考という二つの窓から体験し、両者をつなぎあわせます。そして、思考においては、《世界根拠》が行なってきた創造行為を追体験する可能性が与えられています。さらに人間がこれを行なうことで、《世界根拠》から始まった宇宙的プロセスが完結します。観方を変えれば、人間はこの宇宙的プロセスのミッシング・リンクをつなげるために地球上に現われたと言えます。この真理をルドルフ・シュタイナーは認識したのです。意識の中でこうしたプロセスを認識できる自立した唯一の存在が人間なのです。

■ 概念と具体（世界根拠と現象）

精神界と物質界の関係は、簡単な数学を例にして説明できます。$y = ax + b$ というのは、$x - y$ 平面上での直線一般の方程式です。しかし、この方程式では具体的な直線はまったく決まりません。つまり、直線の精神的（概念的）表現です。これを物質界に降ろすには、a と b に具体的な数値を与えます。仮に $a = 2$、$b = -1$ としますと、$y = 2x - 1$ というのが具体的（物質的）で知覚可能な直線になります。

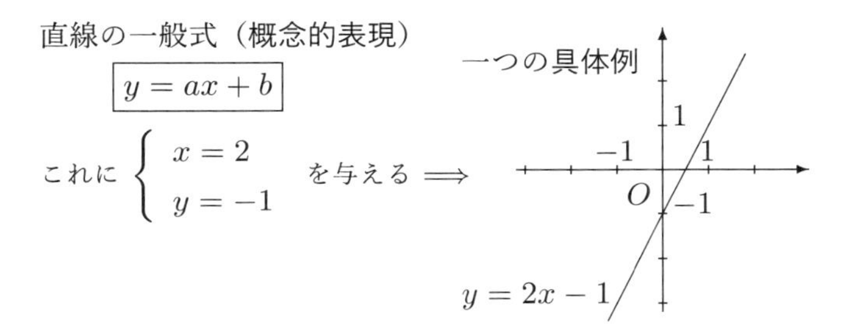

《世界根拠》がモミジを出現させるプロセスは、これよりはるかに壮大ですが、原理は同じで、理念的モミジが地上の特定の条件下でモミジの樹になったのです。ルドルフ・シュタイナーはすべての学問は、この宇宙プロセスに沿った形式を持つはずであると述べています。

■ すべて経験可能であることの意義

ルドルフ・シュタイナーが本書の前半で特にこだわったのは、「認識に関連するすべての事柄は経験可能である」という点でした。その意図は、「もし認識に際し、経験不可能な何かが必要である」と考えるとどうなるかを検討すると明らかになります。何らかの主要要素が経験不可能ですと、真偽の判断がつかない不確定要素を真として受け入れなければ認識が前進しません。つまりドグマを受け入れなければ、認識が成り立ちません。またルドルフ・シュタイナーは、ドグマを容認しては人間の自由はあり得ないと論を進めます。それゆえルドルフ・シュタイナーは、ドグマが不要であり、人間の自由が保障されうることを示すために、「認識に関連するすべての事柄は、経験可能である」という点を慎重に論考しました。

非生命的自然の認識

■ 白い石と黒い石での実験

白と黒、それぞれ球形をした、同じ重さの石があります。これらを使って次の３つの実験を行ないます。

実験 1.　白い石を、静止した黒い石に衝突させる。

実験 2.　両者を鉄板の上で加熱し、温度の変化を調べる。

実験 3.　太陽光を当て、温度の変化を調べる。

この三つの実験で、石の色を問題にするのは、３の場合だけでしょう。しかしなぜ私たちは「衝突に色は関係ないのはあたり前」としてしまうのでしょうか。この《あたり前》を無自覚に認めてしまっていては、認識の本質は掴めません。「なぜ１や２では、石の色は問題にならず、しかも、現象に無関係であることを簡単に納得できてしまうのか」をしっかりと考えてみる必要があります。さらには、２と３とでは、同じように温度が問題になっているにもかかわらず、なぜ２では色を無視できるのかを検討する必要もあります。

■ 概念世界での距離

石にまつわる諸概念を集め、その一部を概念的な意味での距離を考慮しつつ空間的に配置しますと、次のような図にすることもできます。こうしてみますと、どうして衝突実験で色を無視でき、太陽光のもとでの温度変化実験では色が重要な要素になるかの理由がわかりやすくなります。ところが知覚レベルに留まるなら、《衝突》の実験において、「実験中どこからかコーヒーの香りがした」といった事実すら、それが実験にとって重要か否かを判断することはできません。すべてが経験としては等価値だからです。

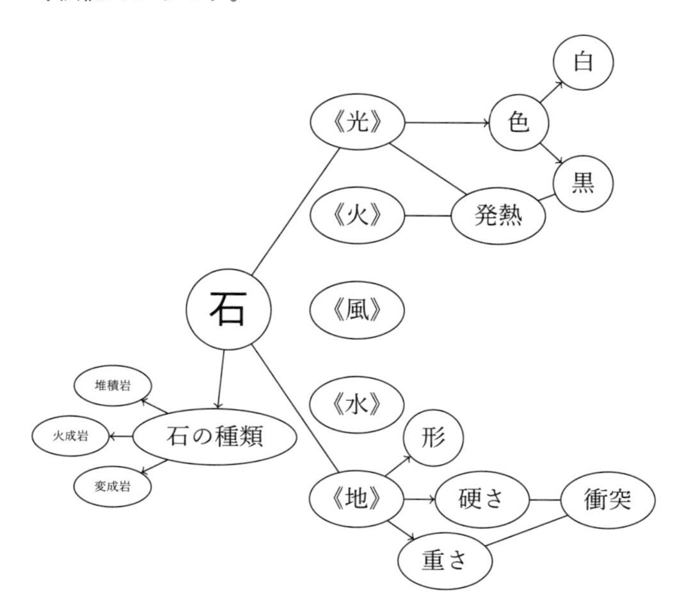

■ 概念的関連に沿って諸現象を整理

非生命的自然界を学問的に解明していくためには、その分野での諸現象を「概念世界での距離」で示したような概念的関連に沿って関連づけ、整理していけばよいわけです。それによって、概念的関連が一連の《見える》現象として表現されます。このようにすることで、最も単純な現象を基に、その現象界全体を秩序づけることができますし、そのような鍵になる現象は《根源現象》と呼ばれます。

■ 非生命的自然界の学問はコスモスの解明を目指す

さて、あらゆる概念は互いに何らかの関連を持ち、上述した概念世界での距離を示す模式図にどこかでつながります。つまり、このネットワークには非生命界のあらゆる概念が含まれます。したがって、非生命的自然界の学問の目標は、その全体を解明すること、つまりコスモスの解明になります。

さてここで、本書には記載されていない視点を補っておきます。非生命的自然とコスモスとの関係です。ミクロ・コスモス（人間）もコスモスですので、非生命的自然界は人間とも関連づけられます。

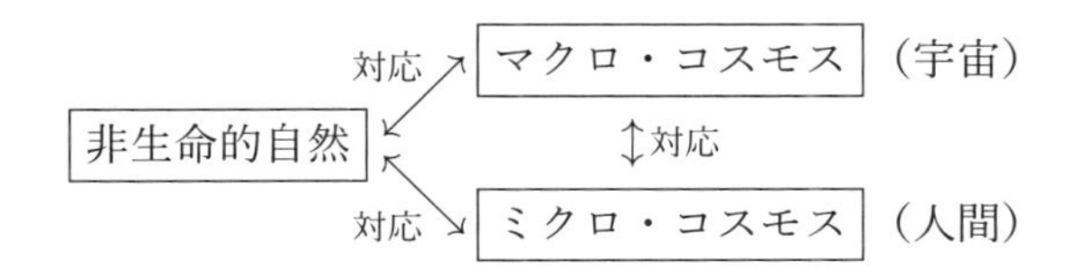

また非生命的自然の諸現象をコスモスと結びつけるためには、適切にいくつかのカテゴリーに分ける必要があります。そして、ルドルフ・シュタイナーは後年、そうしたカテゴリーに相当するものを示しています。その中心には地水風火の《四大エレメント》（四大元素）があります。そしてその上には感覚知覚では捉えられないエーテル界があり、これは生命的な諸力

と関係し、逆にその下にはそれ自体は知覚できなくともその作用は実感できる下自然界があることを教えています。

- エーテル界
  * 生命エーテル
  * 化学エーテル（響きエーテル）：音響学
  * 光エーテル：光学
  * 熱エーテル：熱学
- 自然界
  * 火：熱学
  * 風：気体力学
  * 水：水力学
  * 地：力学
- 下自然界（ルドルフ・シュタイナーが名づけた概念）
  * 磁気、電気、放射能

シュタイナー学校では6年生から物理学系のカリキュラムが始まり、そこでは上述の一覧に付記された科目が取り上げられます。そうした科目が取り上げられる背景にはこうした展望があります。

生命的自然の認識

■ 生命的自然で必要とされる思考法

生命と非生命の違いを、最も単純な例で示します。アサガオの種子と黒い小石を比べてみましょう。この両者を湿った土の上に置きます。数日が経過しても、小石は小石ですが、アサガオの種子は形を変え、根と双子葉を出します。小石は外部から力や熱などの作用を加えなければ変化しませんが、種子はそれ自体が変化していきます。

したがって、その小石を投げれば、石に内在する法則ではなく、物体一般の法則にしたがった軌道を描きます。途中で羽が生えて飛んで行くことはありません。しかし、生命的自然では言わば「途中から羽が生えてしまう」のです。生きた対象は、必ずそれ自体から変化し、別な姿に変わっていきます。したがって、一つの法則に固執する固定的な思考では決して理解できません。思考自体が内側から変化する可能性を持たなければ、生命現象は理解できないのです。そしてこれは、従来の自然科学の中では取り上げられることのない、あるいはその存在すら想定されていない思考法ですし、第一線の生命科学者にとっても未知な思考法でしょう。現代生物学は、生命現象を物質的プロセスの範囲内で、非生命的自然における思考法だけを用いて研究していますし、その方法だけが学問的に有効であるとしています。ですので、ここで取り上げる生命的自然の思考方法は、当然ながら理解されず、受け入れられもせず、非学問的という判定を下されるでしょう。

■（生命界の）典型から説明する

ルドルフ・シュタイナーは生命的自然における学問を理念的な形で紹介しています。つまり生命界の大本には《典型》があり、それが《原動物》と《原植物》になり、《原植物》はさらにサブ典型に分化していきます。

《原植物》
　→《被子植物》（以下サブ典型）
　　→《双子葉植物》
　　　→《カエデ科》
　　　　→《イロハモミジ》（種）

ですから、植物界全体を包括する《原植物》の理念から、しだいに特殊化させていくことで、個々のカエデの形態を導き出したときに、「カエデを理解した」と言えるわけです。しかしながら、この壮大な世界の全貌を提示できた学者は残念ながら居ません。ゲーテはその端緒を示していますので、それを出発点に、この壮大な世界のごく限られた局面を説明することで、ここでの考え方の方向を示したいと思います。

■《原植物》は拡張・収縮する存在

《原植物》を伸長と螺旋的運動という視点で捉える学者[1]も

1 *Metamorphose*, Friz Julius, 1984

居ますし、そこからは興味深い観察が生まれます。しかしここでは、ゲーテが提示している《拡張収縮する存在》という視点で捉えます。それを出発点に植物の形成の一側面を考察します。より詳しくは、後述の「原植物の考え方」の章（204 ページ）をご参照ください。

■ 仮説的に拡張が抑えられた葉を内的に形成する

高等植物の典型的な葉では、葉柄と葉身の二つの部分が見られます。葉柄はまさに柄で、細く、直線的に空間に伸びています。それに対し葉身は平面的に空間内に広がっています。この一次元から二次元への形状にも、収縮と拡張を見ることができます。

上記のことを前提に、拡張が非常に抑えられた場合に、植物の葉がどのような形態を取るかをシミュレーションしてみましょう。すると、葉における収縮的部分である葉柄の要素が強くなり、拡張的部分である葉身は目立たなくなるはずです。これは同時に、平行に走る維管束（葉脈）が主体になり、通常の葉身に見られる網状の管はなくなるはずです。それゆえ、葉が面的に広がることはなく、線状あるいは筒状のままでいる場合もありえます。

このように考えますと、それが単子葉植物の基本形であることがわかります。イネ科やユリ科の単子葉植物の大きな特徴は、葉脈が平行脈である点です。しかも、ネギでは葉は展開せず、筒状のままで、外側に現われているのは、一般的な葉で言えば裏面だけです。

ここで示したのは、原植物から個々の形態への道筋のごく一

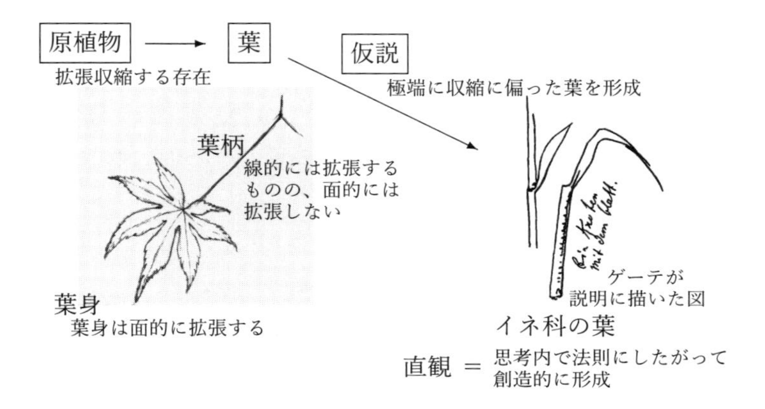

部分に過ぎません。それでも、植物のあり方を原植物から仮説的に発展させることで、形態の可能性を導いていますし、植物を理念的側面から理解する例になっているはずです。ただし、ここでの考察では、まだ既知の植物形態の助けを借りて、仮説的形態を作り出しています。それらも含め、この分野では、今後のさらなる研究が必要です。

精神科学の認識

■ 精神科学の意義

ルドルフ・シュタイナーが言う精神科学の役割は、山歩きにおけるオリエンテーションに喩えることができます。山の中で先に進むためには、地形、天候、日没までの時間、自分の位置、自分の体力、装備等々を把握していなくてはなりません。それと同様に、それぞれの国家、地域、時代に生きる人間は、そこでの精神的動きや自分の位置を読み取り、また自らの精神的資質を認識し、自分と世界との関係を適切に把握しなくてはなりません。そうすることで自らの能力を世界発展に寄与するかたちで発揮できるからです。たとえば、世界の国々と比べれば比較的平穏な現代日本の状況には、何らかの積極的な精神的意味があるはずです。平和であることを享受しつつも、そこで担いうる責任を認識する必要があるのです。

■ ルドルフ・シュタイナーが言う心理学と自由

心理学は、たとえばストレス下の心の状態といったことを研究する学問と受け取られています。しかし、ルドルフ・シュタイナーが本書でイメージしている心理学はまったく違います。彼の心理学では、人間においてしか実現しえない最高次の状態を自覚することを目指しています。つまり、自己観察を中心的手段として、自らの内に、あるプロセスを明確に自覚することを目標にしています。

その人間が内に持つプロセスは、世界創造の中心であり原動力である世界根拠が世界を創り出すプロセスに匹敵します。つまり、自己観察によって、自らが宇宙創造者のミクロ版であることを認識することが心理学の目標です。このプロセスでは、完全に自足的に、言い換えると、外界の知覚等の他のいかなるものも必要とせずに、自己の内から内容が生まれ出てきます。これによって、自らの創造的活動がマクロ・コスモスのそれに対応すること、つまりマクロ・コスモスとミクロ・コスモスが対応していることを自覚するのです。自我が自らに与えられた力のみを用いて自らの行為を遂行することこそが自由なのですから、この対応の自覚こそは、人間自由の前提条件です。

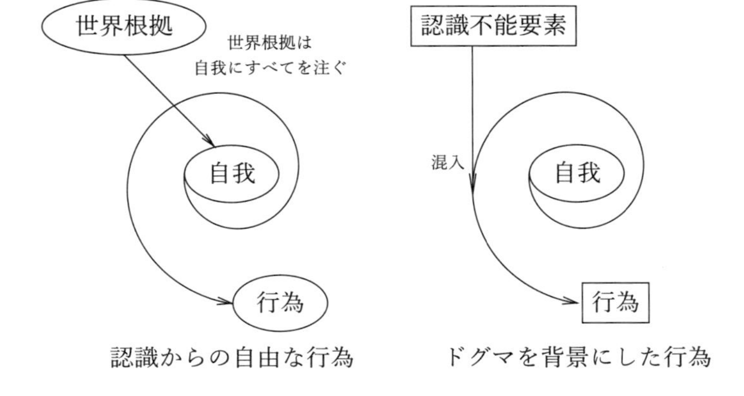

これはルドルフ・シュタイナー自身にとっても重要な体験で、新版の序、第 11 段落（15 ページ）には、「身体とは無関係な精神的存在としての自分が、純粋な精神世界に立つ姿を人間

は内的に見ることができるという事実が導きの星となった」と述べています。

ルドルフ・シュタイナーはこの《精神世界に立つ自分》を人格（Persönlichkeit）あるいは人間的の個（Individuum）と表現しています。その意味は次のような仮定から明確になります。ある日突然に、自分の姿がまったく変わってしまったと仮定します。それは毒虫であってもクラス・メートであってもかまいません。すると鏡を見た瞬間に、「これは自分じゃない」と叫ぶでしょう。つまり、その判断を下している《私》はそうした外的存在とは別な存在ですし、それこそが《精神界に立ちうる自分》なのです。

当然ながら、「ここで言う《私》は脳である」という反論が予想されます。これに対しては、睡眠時の脳と覚醒時の脳の違いを考えることで再反論できます。眠っていようが起きていようが、物質としての脳は同じです。したがって、両者の違いは脳の活動状態の違いとして説明されるでしょう。すると《私》は物質としての脳ではなく、物質とは次元を異にする脳の活動状態にあることになり、最低限、「私とは脳である」という見解は否定されます。脳とはその活動のための物質的な基盤にすぎないのです。

ルドルフ・シュタイナーは後の著作『神智学』で《私》という単語の特殊性に触れています。《私》という単語を、自分を指す呼称として外から聞くことはないのです。それは常に、各自の内から響きます。そして、《私》という単語は自己完結していて、《私》を規定するためには他の概念をいっさい必要としません。たとえば、《子》であるためには《親》という概念が必要ですが、《私》だけは絶対的に存在します。この体験を深めていくことで、身体とは無関係な精神的存在としての自分を体験することが、誰にでも可能なはずですし、それこそがルドルフ・シュタイナーの言う心理学の目標と言えるでしょう。

さて、地球上にはそうした《私》が無数に存在し、また存在してきました。そのいくつかの《私》は理念の形で自らの行動の規範を創造的に受け取り、それを自らの行為の規範とし、さらには周囲の人びとやその時代に影響を与えてきました。数々の《私》が受け取ってきた理念界からの滴が地上界に少しずつ変化をもたらしたと言えるのです。その意味で、歴史の発展とはそうした理念界からの滴の集積であると言えるでしょう。それゆえ、いつの時代に、どのような滴を、どのような《私》が掴み下ろしてきたのかを探究することこそが歴史学の第一のテーマになります。

芸術と学問

■ 本質とその芸術表現（ミケランジェロのモーセ像）

芸術という言葉の意味は、人によってそれぞれに違っています。しかし、ルドルフ・シュタイナーは芸術を非常に明確に捉えています。何らかの理念的現実を感覚界に表現したものが《芸術》なのです。その意味を例を挙げて示します。

旧約聖書には、ユダヤの長であるモーセが登場します。そもそも旧約聖書を書き下ろしたとされる人物がモーセでした。つまり、創世記、出エジプト記、レビ記、民数記、申命記の五つは、モーセが記したとされ、モーセ五書と呼ばれます。民族の歴史や神とのかかわりを初めて文字に記したこのモーセを、彫刻として芸術的に表現するとしたら、どのような可能性があるでしょうか。まず、モーセの顔や姿は誰も知りません。わかっていることは、モーセの業績やエピソードであり、そこに現われた彼の内的な姿、言い換えるとモーセの人格だけです。そのいくつかを挙げてみましょう。

– エジプトで生まれた。
– ユダヤの民をエジプトからエルサレムに導いた。
– 海を割って、人びとの逃げ道を作った。
– シナイ山に登り、神から石盤に刻まれた十戒を授かった。
– 下山すると、神から禁止された偶像崇拝を人民が行なっているのを目撃し、怒りから十戒の石盤を割る。

– 再度、山に登り、今度は十戒を自ら石を刻み、人民にもたらした。
– 禁を破ったことで病に苦しむ人民を、掲げた蛇を見せることで癒やした。
– エルサレムの一歩手前、ヨルダン川の対岸で息絶え、エルサレム入城は弟子のアーロンが率いた。

以上からわかる重要な第一点は、「モーセが神の言葉を受け取れた」ことです。ただこの点は、アブラハム、イサク、ヤコブ、ヨセフといった先代のユダヤの長も同様です。しかし、モーセにはモーセにしかない特徴がありました。それは、そうした神の言葉を石盤や書物に書き下ろしたことです。つまり、天上界につながり、さらには地上ともしっかりと結びつき、両者に橋を架けた人物なのです。モーセという存在をこのように認識しますと、その芸術表現もしだいに明確になります。その代表的なものが、ミケランジェロによるモーセ像です。

■ モーセ像における地上との結びつき

前述のことから、モーセにおいては「神との結びつき」と「神的なものの地上化」が中心のモチーフであることがわかります。そこでまず、地上とのつながりが彫刻においてどのように表現されているかを見ていきましょう。

モーセは長い衣を纏って座っていますが、右脚の膝から下は衣がはだけ下肢がはっきり見えます。その下肢は、脛の線やふくらはぎの筋肉などが力強く見え、どっしりとしています。そして、そこに体重をかけ立ち上がることすらできる姿勢、真下

『モーセ』ミケランジェロ（ローマ）

に伸びる脛の方向は、非常に重要な表現です。そこにははっきりと重さ、そして大地との結びつきが感じられます。それとは対照的に、左脚は衣に覆われ、後ろに引かれ、存在感が薄くなっています。また、右脇には石盤を抱えています。非常に窮屈そうに右脇を締めた姿勢には、何かが固まっていく力を感じ取れます。さらにその石盤の形は、鑑賞者の予想を超えています。「シナイ山の頂で神から授かった石盤」という言葉からは、天然石の一部が平面化され、そこに文字が刻まれているものを訳者は連想します。ところがそれを、ミケランジェロは平面と直線からなる幾何学的な形で表現したのです。結晶的な幾何学性とすら言えるでしょう。そして日本語でも、「○○の結晶」という表現は、何らかのものが最も純粋な形で実現することを指します。この場合も、神から授かった《十戒》という高貴な掟が、結晶化したことを感じさせます。

またこの石盤は芸術表現的な《壁》であり、右から来るものをしっかり受け止める雰囲気を作り出しています。

右脚を覆うはずの衣は大きくうねり、膝の上で二手に分かれています。これは訳者には、海を割って歩みを進めたことの象徴に見えます。

■（モーセの右側に居る）神との結びつき

神はモーセの右側に位置し、その神にモーセは自らを開いています。右手の人差し指で髭の一部をたくし上げていますが、たくし上げることで心臓の位置が露わになっています。また、そのたくし上げている指も、右に向かって開いています。その他、目、額に生えた角、髭ともみ上げと髪で縁取られた横顔の

輪郭（図）なども右側へ開いたしぐさを見せます。ただし、神の側に完全に行ききってはいません。むしろ、自分の位置をしっかりと守り、自分の地点から神の言葉を受け取る様子を示しています。そうした印象を、ミケランジェロはモーセの左腕で表現しています。つまり、左肘のラインでゆるやかな壁を作り、さらには腹を押さえることで自己存在を確認しているかのようです。このようにミケランジェロのモーセ像では、「神と結びつき、その知らせを地上に刻印した」モーゼの本質が《目に見える素材》で表現されていると言えるでしょう。

モーセ像のモチーフを非常に単純化し、次のような図にすることもできるかもしれません。

原植物の考え方

■ 現象から本質を認識するための基本的な方法

本書でのルドルフ・シュタイナーの意図は、認識についての理念的な枠組みを根底から組み上げることでした。それゆえ、その認識の具体的な実践法についてはわずかしか語っていません。たとえば自然認識の第一歩は、自然現象の知覚です。そのとき私たちは、その自然現象の理念的内容をも思考によって見取っているのですが、その見取っている様子は初めの段階ではほとんど自覚されません。本書では、その無自覚に受け取られる事柄をより明確に捉える方法を明示していませんので、この解説で補います。なおここで紹介する方法は、訳者がゲーテアヌム自然科学研究コースのヨッヘン・ボッケミュール、シュトゥットガルト・シュタイナー教育教員養成ゼミナールのエルンスト＝ミヒャエル・クラーニッヒ両先生から学んだものが基盤になっています。そして、この方法の有効性には、その後20年、訳者自身の実践の中で確信を深めております。

認識の第一歩では、現象そのものをできるだけ細部まで思い浮かべます[1]。何らかの植物ですと、その植物についての具体的な形態を思い浮かべます。「見ればわかる」というレベルで

---

1 ここで述べる思考方法については、すでに184ページに書いたが、この章だけを読んでも理解できるように再掲した。

はなく、現物が目の前になくても思い起こせるくらいに覚えていなくてはなりません。またこのとき、「この性質は生存に有利である」、「この性質は何々の役に立つ」、「葉は光を求めて伸びる」といった考えに陥らないように注意します。この段階では、純粋に形態や色彩を思い浮かべますから、その像は私たちの意識という主観に現われるにしろ、内容は完全に客観的です。

このように形態の像を思い浮かべましたら、次には、その形態を思い浮かべていた際の自らの思考活動を観察します。この思考の観察は決して易しくはありませんので、相応の集中と練習が必要です。たとえば、一枚の葉といった出来上がって静止している形態を思い浮かべていても、その思考活動を観察しますと、それはある種の動きとして体験されます。原植物もまた、そうした思考世界での**動き**として体験され、認識されます。主観である意識内で形成された像であっても、その内容は客観的ですので、その像を作り出す活動にも客観性があると期待できるはずです。

■ 植物のイメージ化から原植物へ

そうした原植物の動きの質を、大雑把にでも把握するために、植物の一生をイメージしてみましょう。

まず、休止状態である種子から始めます。種子は周囲からの熱と水分と空気の作用でその休眠状態から解放され、一方で大地に向かって根を伸ばし、もう一方で茎を伸ばし、子葉を展開します。根がさらに地中に深く広く張っていくと同時に、地上部では茎が伸び、葉が次々に展開していきます。茎が分岐し、やがて葉がしだいに小さく細長くなり、つぼみをつけます。つぼみの中では、花弁、雄蕊といった花のすべてが準備されて、それらすべてが完成すると開花します。花が開くと植物はその存在を周囲に対し大きくアピールします。しかし、受粉および受精が終わると植物は再び種子の中に集約されていきます。

このように植物の一生を内的に構成してみますと、その際の思考体験は《拡張と収縮》と表現できるでしょう。これは単に植物が大きくなって再び種子に帰るという外的な意味での拡張と収縮にとどまりません。成長初期には種子の中に隠れていた植物のさまざまな姿が現象として次々と現われ、花が咲きますと、その植物らしさが十全に現われます。それゆえ昔から、植物種の同定には、花の形態が重要な意味を持ちました。そして、雌蕊の中では新たな組織が、内側の見えない部分において形成されます。こうした諸現象も、思考体験において拡張収縮の動きとして体験されます。

簡単に言ってしまえば、原植物とは《拡張し収縮する存在》でしょう。しかし、拡張と収縮と言っても、状況によって様相はさまざまに変化します。そして、この拡張と収縮をする存在が出会う《状況》としては、地水風火の《四大エレメント》(四大元素)が重要な意味を持ちます。たとえば、拡張し収縮する存在としての原植物が、《地》のエレメントと出会うとき、どのような形態が生まれうるか、などを考えることができます。そこでまず《四大エレメント》についてまとめておきましょう。

■《四大エレメント》は前近代的か

さて、《四大エレメント》(四大元素)などを持ち出すと、それだけで前近代的とか、非科学的とかといった誤解を受ける可能性がありますので、若干の解説をしておきます。

本書では、認識の具体的実践法だけでなく、《四大エレメント》についても触れられていません。しかしこの《四大エレメント》は、ルドルフ・シュタイナーが新たな方向を示した農業や医学、薬学において中心的な役割を果たしていますし、彼の自然認識、宇宙認識にとって最も重要な軸の一つであることは間違いありません。それゆえ通常の思考では理解しにくいルドルフ・シュタイナーの言葉も、この《四大エレメント》の視点で考えますと、その論理を整合性をもって容易に理解できます。一方、通常の自然科学では生きた自然をDNAを中心とする一連の物質的メカニズムとして解明しようとします[2]。しかしこれによっては、メカニズムは解明できるものの、生きたものとしての質は原理的に洞察できません。生きた自然を生きたものとして理解するために、《四大エレメント》は重要な意味を持ちます。

さて、《四大エレメント》とは、物質としての固体、液体、気体、熱の諸現象から読み取れる理念的な内容です。たとえば、固体は理念としての《地》を最もよく具現している物質存在です。同様に、液体は理念としての《水》を最もよく具現している物質的存在ですし、気体は《風》を、熱や火は《火》を最もよく具現しています。したがって、固体の中に《地》の理念を見ることができます。通常の考え方では、物質、つまり原子や分子が第一次的で、固体液体気体の三態はそれによって説明さ

2 DNAをどのように考えるかは、183ページの記述を参照のこと。

れる二次的な事柄とされています。しかしここでの立場は《四大エレメント》を第一次的としていますので、物質的には同じ H_2O でも、液体であればそれは《水》的であり、水蒸気になれば《風》、氷になれば《地》に相当します。

これらの理念を得るために、まず物質的な固体・液体・気体・熱の諸現象を思い起こし、それぞれを一種の《像》に統合していくことで、理念的《四大エレメント》が少しずつ生きた原理として明らかになっていきます。

■ 四つのエレメントについて

▪《地》エレメント

まず、固体の諸現象を列挙し、そこから《地》エレメントの質を明確にしていきます。

1. 重さと関連する。
2. 相互不可侵で、互いに反発する。
3. 固体同志の連結には、界面でのある種の活性化が必要。
4. 形を持つ。
5. 形が変化する場合は、急激で不連続である。
6. 抵抗がある。
7. それ自体は運動せず移動するだけである。
8. 他者との関係は表面だけにとどまるが、力学的な力は内部、さらには全体に浸透する。
   両手の間に棒を挟むと、右手からの力が左手に伝わる。
   しかし、両手の間に水を挟んでも、力は伝わらない。

▪《水》のエレメント

1. 二つの水滴が出会うと、相互に行き交い、一つにまとまる。

2. 特徴的な運動は流れである。
3. 容器に応じて形を変え、しかも連続的に変化する。
4. 隙間に入り込んでいく。
5. 固体と固体を、接着や化学反応の媒介という意味で、結びつける。
6. 重さによって動きが与えられる。
7. 静かな水の表面は鏡のように世界を映し出す。

■《風》のエレメント

1. 特徴的な動きは拡散と収縮である。
2. 熱によって動きが与えられる。
3. 基本的に拡散的だが、最終的にはわずかに凝縮的な力が働き、離散しきらない。
4. 自身は消え、他者が現われる場を提供する。
遠くの山々がはっきり見える状態は、空気が空気らしい。

■《火》のエレメント

現代科学では熱を、固体、液体、気体と同列には考えません。物質を構成する粒子の運動状態が熱の量によって変化し、それによって固体、液体、気体の状態が相互に変化すると考えます。物質の三態が相互に変換する際に、熱の量が変化していると考えています。このモデルでは、窒素や酸素の分子が自由に飛び回る状態が気体であり、空気であると考えます。しかしこう考えると、気体の気体としての質は失われ、単に固体粒子の運動状態として捉えています。つまり、《風》の質を《地》に還元して考えています。そして原子分子に還元できない《火》は、物質の三態とは別格に扱われています。しかし、ここでは《火》

の質を問題にします。そのために、ここでも熱や火に関係する諸現象から、《火》のエレメントの質を捉えていきます。

1. 固体、液体、気体のすべての中に浸透し、伝わる。
2. 暖から冷へと移動する。
3. 熱は破壊的でありうるが、同時に新生にも参与する。つまり、変化の原動力である。
4. どこまでも拡散し、どこまでも稀薄になる。
5. 熱は、熱として集約されることはなく、可燃性物質など何等かの物質に組み込まれることで集約されうる。

■《四大エレメント》と原植物の相互作用

▪《風》と葉の諸現象

ここでは原植物の拡張収縮が、《風》との関係で、葉においてどのように現われるかを検討します。

1. 色は基本的に緑色。
2. 葉柄で空間に張りだし、葉身が平面的に広がる。
3. 葉では、主に裏面に空気が出入りする気孔がある。

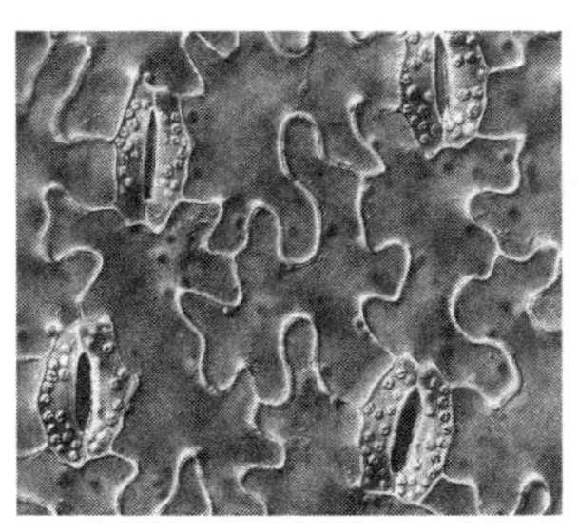
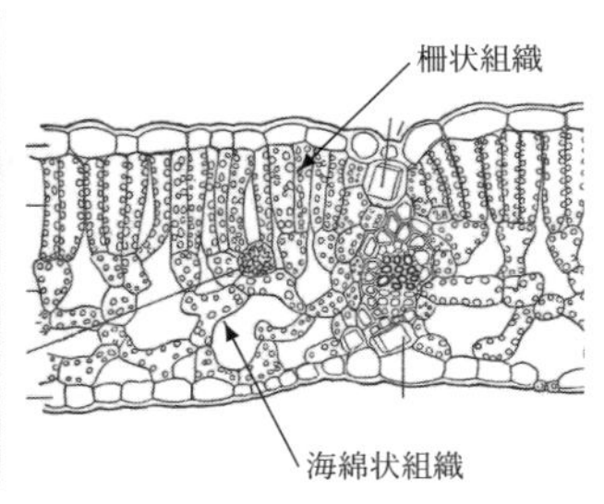

気孔（左）と葉の断面（右）(Strasburger より)

4. 葉身には多くの空気を含む海綿状組織がある。

5. 葉脈はまず細かく別れ、周辺部に至って再び結合する（ゲーテはこれをアナストモーゼと呼んだ）。

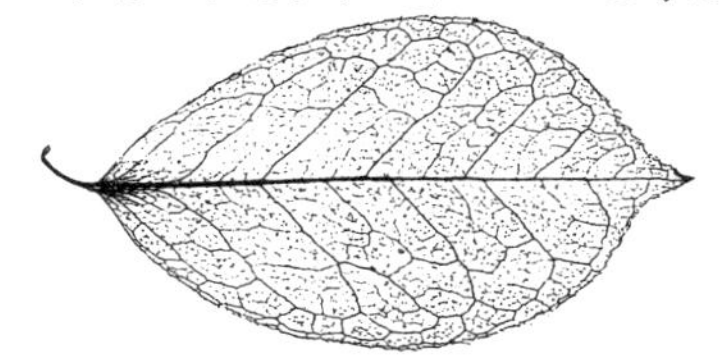

サザンカの葉脈のアナストモーゼ（再結合）

6. 落ち葉は次世代の成長を助ける。

7. 成長に伴って順次、形態が変化していく。

最後の特徴はより詳しく見る必要があります。まず子葉です。双子葉植物の子葉の形は、種類を問わずどれもよく似ています。ブロッコリースプラウトなどを見ればわかるように、子葉二枚が対生し、葉柄は短く、葉身は単純な楕円形でやや厚目です。次に出る葉は、植物種固有の形に近づいています。そうした一連の葉の形態を花まで詳しく見ますと、その一枚一枚の形が少しずつ変化していることがわかります。そして、その変化には何らかの法則が見られます。次の図はその一つの例です。これは、アザミの仲間の植物の葉を成長の順に並べたものですが、主な茎についた葉だけで、分枝についた葉は省略してあります。また、それぞれの葉は、成長が終わった段階で収穫されています。

この葉列を見ますと、子葉からの初期の葉では、後に出てくるものほど大きくなり、ある程度大きくなった中期以降は、花に向けてしだいに小さくなっています。これだけでも拡張と収縮と呼べるでしょう。

この拡張収縮は、ヨッヘン・ボッケミュールの研究にした

葉列に見られる葉のメタモルフォーゼ（Bockemühl より）

がって、おおよそ４つのステージに分けることができます。

1. 子葉から始まり、葉身の丸みを保ちつつ葉柄は長くなり、全体にしだいに大きくなる。
2. 葉身の縁がギザギザになり、葉身自体が分散する（ここまでが拡張）。
3. 葉柄がしだいに短くなり、葉身が茎に近づく（ここから収縮）。
4. 葉柄は縮小し、この例では葉身が茎を巻き、葉身の先端が尖る（子葉とは違った意味で単純な形）。

さて、原植物を拡張収縮する存在として捉えていますが、《風》エレメントもまた拡張収縮という基本的な動きを示します。したがって、原植物と《風》が出会いますと、それは拡張収縮として現象化するでしょうし、それが実際に葉において観察されることは明らかです。その点を以下で検討しましょう。

葉には気孔や海綿状組織といった、物質的な意味での空気にかかわる組織があります。また葉列の変化の様子は、拡張収縮と言えますし、一枚の葉を見ても、葉柄は収縮的で葉身は拡張的です。

また葉脈の様子を見ますと、中心部から何回か枝分かれして、周辺へ行って再結合しています（アナストモーゼ）。この現象も検討してみましょう。静止した形態の背景にある《動き》を見るのです。

葉脈が中央の軸から分岐し、さらに細かく分岐していきます。しかし、葉脈は拡散しきりません。最終的に自分自身でまとまろうとする傾向を持ち、若干の凝縮的な《動き》を示します。つまり、基本的には拡散していくにしろ、周辺部でやや収縮的にまとまり、形態を保とうとしています。これは《風》エレメントに見られる拡散的であっても拡散しきらないという動きです。

さらに、「落ち葉は次世代の成長を助ける」という現象について考えてみましょう。これは、自然生態系の中で、落ち葉が地中で腐っていくことで、次世代の植物や、次の遷移段階の植物にとっての土壌を用意していることを指します。たとえば、草原の葉が腐葉土に変わることで、次の遷移段階であるより大きな灌木のための土壌が用意されています。つまり、「自らが消えることで、他者のための場を与えて」いるのです。

このように原植物の理念と《風》エレメントの出会いによって、葉の基本形態が生まれることがわかります。

ここで取り上げた諸法則は、すべての植物で明確に現われているわけではありません。ゲーテが言うアナストモーゼにしても、それがほとんど見られない植物（クリ、ケヤキ等）もあれば、非常に明確な植物（ツバキ、サクラ等）もあります。イネ科などの平行脈の植物に比べれば両者とも拡張的ですが、アナストモーゼという視点から両者を比べますと、前者は拡張的傾向が強く、後者は収縮的傾向が強いとみなすことができます。つまり、法則の現われ方の多寡もその植物の特徴を語っていると見ることができます。

葉についてのこうした考察は、さらに深め、広げていくことができますが、ここでは《火》や《地》エレメントと原植物との関係について考察を進めます。

■ 花の形態の特徴

花の特徴を見ましょう。

1. 萼は終期の葉の形態と似て、尖っている。
2. 花弁は軸とほぼ点で接しているのに対し、萼は線で接し、花弁が散ることはあっても萼は散らない。

軸に線で着くバラの萼（Strasburger より）

3. 花弁には葉における葉脈状の管があるが、軸に当たるものはなく全体に一様に広がっている。
4. 八重咲きの花などでは、花弁から連続的に雄蕊に移行する例が見られる。

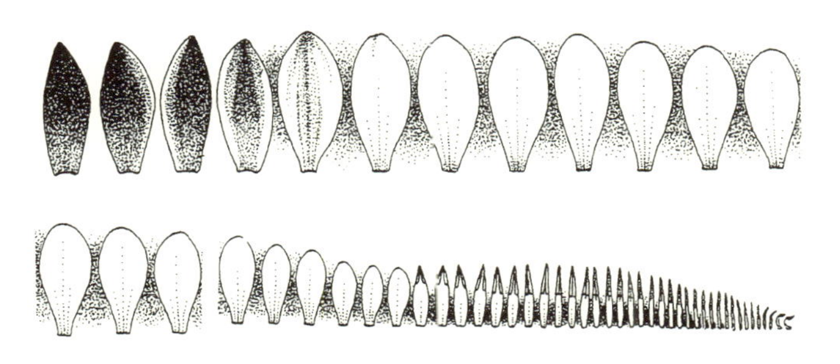

スイレンの萼から花弁、雄蕊までの連続的変化（Suhantke より）

5. 雄蕊の花糸の部分は非常に細く、先端の葯には花粉が貯蔵されているが、やがて花粉は非常に広い範囲に広がる。

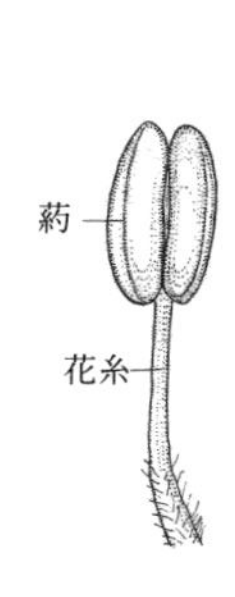

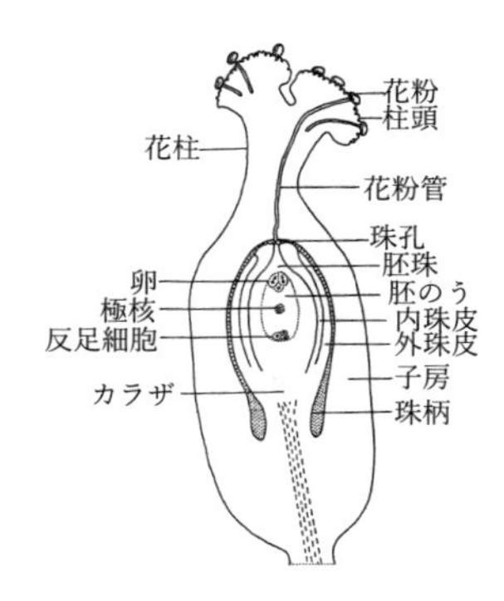

雄蕊と雌蕊（Strasburger より）

6. 花粉の大きさは 0.1mm 前後で、また強固な外皮に覆われている。受粉すると、花粉直径の数百倍以上の長さに花粉管を伸ばす。
7. 雌蕊は、下部が膨れている（子房）。
8. 雌蕊の子房中に卵細胞が形成されるが、これは、花托、子房壁、外珠皮、内珠皮、珠心、胚のう、助細胞といった、六重あるいは七重の覆いに包まれている。

   上図には花托は描かれていない。しかしたとえば、リンゴでは花托までが種子を覆っている。つまり、リンゴの可食部は花托にあたり、いわゆる芯は子房壁で、その内部の黒い種の皮は外珠皮から変化した種皮であり、その中に種子の本体が入っている。
9. 開花には多くの場合、適度な積算温度を要する。
10. 開花は花弁が開くという拡散的動きであるが、同時に色と香りで、その存在が昆虫や人間の意識にまで拡散してくる。
11. つぼみの中ですべてが完成し、現われる姿は完成品である。

まず、萼と花弁の関係に拡張収縮を見ることができます。つまり萼では、軸を取り巻くように引きつけられていて、空間的な広がりも少ないのに対し、花弁は軸とわずかな部分で接しているに過ぎず、全体としても空間的に広がっています。

次に、花弁から雄蕊へは形態が連続的に変化しますが、そこでは雄蕊が収縮的であるとわかります。ところが、雄蕊単独で見ますと、花糸は非常に細く収縮的であるのに対し、葯の中に蓄えられた花粉は広く飛び散り、非常に拡散的です。花粉を単独で見ると、休眠中の花粉は腐敗しにくく堅固で、究極の収縮状態を示します。実際、遠い過去の植生を調べるに当たっては、南極の氷や湿原の泥炭層に保存された花粉を調査します。そしてこの花粉は、爆発的に飛散する可能性を秘め、受粉してからは数百倍の長さに花粉管を伸ばします。

雌蕊においては、拡張と収縮の集大成とも言うべき、最後の大収縮が行なわれます。葉の領域や花の領域で見られた拡張と収縮は、植物の外側に現われた現象でした。つまり、萼が収縮的と言っても、空間では外に向かって形態として現われていました。ところが、雌蕊における収縮は外側からは見えず、いわば内に向かって収縮しています。

雌蕊の中心的器官は、受精後に胚になる卵細胞です。そして、この卵細胞を観察するには、雌蕊の内へ内へと入っていかなくてはなりません。外側から、花托、子房壁、外珠皮、内珠皮といった組織を剥いていくと、その最奥部に胚のう細胞、助細胞を共なった卵細胞があります。雌蕊の柱頭に受粉した花粉が、受精のためにたどる道筋をこのようにイメージしますと、それが大収縮であることがわかります。

この視点から見ますと、針葉樹やソテツの裸子植物に見られる二つの現象、つまり、種皮がないことと花が目立たないことの二つを論理的に結びつけることができます。花が美しい植物では、それが意識にまで広がってくるのですから、高いレベルにまで《拡張》が及んでいます。したがって、《収縮》も高いレベルでバランスを取らなくてはなりません。その結果の一つが、種子における花托、子房壁、外珠皮、内珠皮という壮大な《収縮》です。それに対し、針葉樹では花は地味で明確な《拡張》を見せません。すると、《収縮》の方も段階が少なくなるはずで、その結果が種皮（珠皮）の欠如として現われていると考えることができます。

さて、花の広がり方には大きな特徴があります。開花とともに、それはまぎれもなく私たちの意識にまで広がってきます。それまで存在に気づかなかった植物に突然気づくのです。春のタンポポ、秋のキンモクセイなどはその典型的な例でしょう。通常の植物学では、こうした現象は考察に含めません。しかし、開花によって植物が昆虫や人間の意識に広がってくるのは、紛れもない事実です。ただそれが、物質的現象ではないために、通常の物質的自然科学では考察の対象から外されているのです。ゲーテ・シュタイナー的認識では、体験しうるすべての現象や事実が意味を持ちます。

開花自体に、ある一定量の熱が必要であることも、花と《火》の関連を示しています。その他にもそうした関連が見つかります。たとえば、糖分はカロリーの高い物質で、集約された熱と見ることができます。そして、花には蜜があり、その香りが空間に広がっていきます。この香りは、原理的には気圏をどこまでも拡がり、固まる傾向は見せません。

現代科学では熱を固体、液体、気体とは同列には考えませんでした。それは熱が非物質的だからです。花において、香り、色などが非物質的領域である《意識》にも広がっていく点は、まさにこの非物質領域への拡張です。この限りない拡張こそ、《火》エレメントの動きなのです。

■ 順次的、並存的、内外的メタモルフォーゼ

ゲーテは植物をメタモルフォーゼ（拡張と収縮）する存在として捉えましたし、それを葉、花、実の領域で比較しています。この拡張収縮というメタモルフォーゼは、葉の領域では時間的経過に伴って現われ、花領域では空間内において隣り合わせで同時に現われています。言い換えますと、花では時間が集約されているのです。つまり、葉のメタモルフォーゼは順次的と言えますし、花でのメタモルフォーゼは同時的・並存的です。さらに実の領域、正確に言いますと果実と種子のセットを考えますと、そこにも拡張と収縮の要素が見られます。つまり、種子は成熟とともに固くなっていくのに対し、果実は柔らかくなり、空間に色彩や香りを放ちます。このように、実の領域では内外的な関係で収縮拡張が見られます。

■《地》エレメントと根の関係

形とは《地》エレメントに特有ですし、変化してしまったら形ではありません。したがって、《地》と拡張収縮の原理は両立しません。固体は、拡張収縮もせず、形態変化しないから固体なのです。しかし、《地》エレメントにも、拡張と収縮のヴァリエーションは可能です。つまり、空間的な形には何の変化も

なくても、ある部位が活性化したり活動化したりすることを拡張と捉え、不活性化や固化を収縮と見なすことができます。空間的・時間的次元ではなく、活動性といった次元で、拡張と収縮を考えるのです。

上述の観点で、根の先端にある成長点の様子を見てみましょう。根の成長点は、茎の生長点とは異なり、根冠（root cap）で保護されています。しかしこれを、ペン先を保護するキャップと同様に考えたら誤りです。実際には、成長点で常に新しく細胞が作り出され、それが根冠表面で次々に土中に死んでいくことで成長点を保護しているのです。つまりこの保護は、静的ではなく、非常に動的なのです。

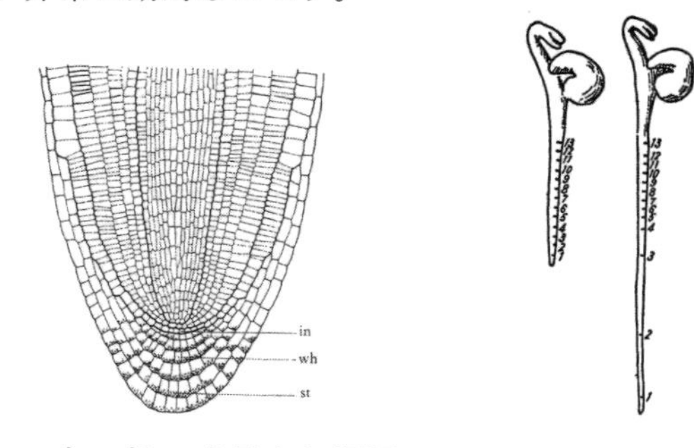

左：根の成長点と根冠（Strasburger より）

右：24 時間での根の成長（植物形態学、濱 健夫）

上図の根の伸長の様子を見ますと、伸長可能部分が非常に限られていることがわかります。つまり 24 時間での根の伸長は、先端から 5mm 以内の部分に限られ、その後方は伸長せず、すぐに固化しています。茎では、これに相当する様子がかなり違います。たとえば、切り花を生けますと、状況によって茎の一部が少し曲がり、花の向きが変わりますが、その曲る部分は、通常、先端から3〜10cmの部位です。茎において変化できる可能性は先端から3cmくらいまで残っています。根では、それが数ミリに過ぎません。

ここで、根の成長点で新生した細胞の状態変化をイメージしてみましょう。新生の瞬間は、細胞も柔らかく、それ自体が伸長や肥大の可能性を持っています。そして、茎に近い側は実際に伸長しますが、急速に固化し、伸長能力がすぐに失われます。根の先端に向けても、新生細胞は生まれてまもなく根冠において地中に死んでいきます。つまり、生から固化（死）への変化が急激なのです。そして、この急激な変化というのは、《地》の特徴の一つでした。

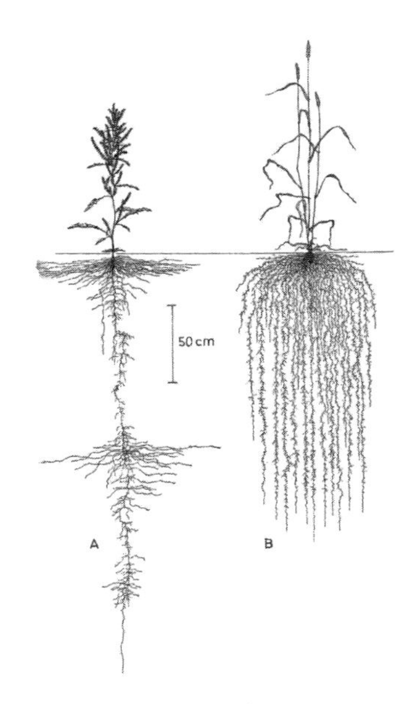

左：重さの方向に伸びる根（Strasburger より）

さて、生き生きした先端部が即座に固化していくプロセスが続くと、どのような形態が生じるかを思考実験で作り出すことができます。ここでは、持続的な形態形成力は期待できません。すると必然的に、行き当たりばったりのランダムな形態をとることになります。そしてまた、「根の形を見ても、植物の種類は見分けにくい」というのも事実です。ただし、何らかの非常に強い形成原理が働いている場合には、根でも特徴的な形態が現われます。そのような形成原理としては、《地》と密接に関連する《重さ》を挙げられます。つまり、一部の植物では重さの方向にまっすぐ伸びる強い傾向が見られます。

発芽直後の根は、重さの方向に定位します。いわゆる正の屈地性で、光と反対の方向に成長する負の屈光性とは異なります。これには、応用問題的な現象があります。同一植物では、根の張りが、土壌水分の多いところでは浅く、少ないところでは深いということが知られています。これは「水が簡単に手に入るので根を長く伸ばす必要がない」と考えられることが多いのですが、重さとの関係で考えることもできます。つまり、土壌水分の多いところでは水分の浮力によって重さの影響が少なくなり、その結果、根の張り方が浅くなるのです。

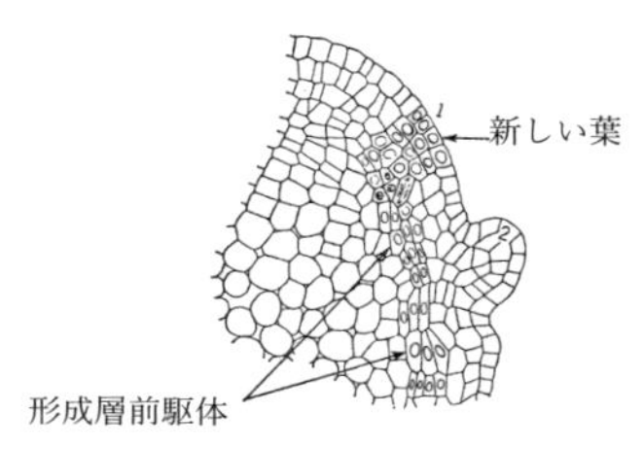

茎の外生的分岐

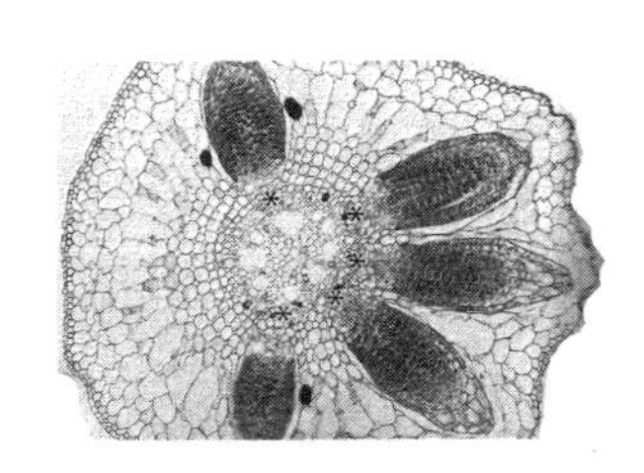
根の内生的分岐（Strasburger より）

分岐の仕方も根では《地》エレメントと関連します。まず事実関係を、茎との比較で整理しておきましょう。茎では表面が盛り上がり、それによって分岐が生じます。これは外生的と言われます。それに対し根では、中心部分から枝分かれし、それが表面に盛り上がり、内生的とされます。これは、《地》の「力学的な力は内部、さらには全体に浸透する」ことと関係します。根の分岐では土を押しのけなくてはならず、その力学的なせめぎ合いが根の中心部から行なわれているのです。より小さな分岐にも興味深い現象が見られます。根毛とは、根の表皮細胞が外に向けて細長い突起を出し、それによって水分や養分を吸収する器官ですが、その発生の仕方は特徴的です。この根毛は、水耕では発達しないことが知られていますので、球根の水栽培では、根は出るものの、根毛は発達しません。ところが、地中では根が抵抗と出会い根毛が伸びます。そしてこの抵抗は《地》と密接に結びついています。つまり、《地》と出会うことで、根毛が発生し、根が根らしくなるのです。このように見ると、根と《地》エレメントとの関連を感じ取れるでしょう。

■ 原植物と具体的な植物との関係

原植物は思考内での拡張収縮の動きとして観察されることを見てきました。しかし拡張収縮といっても、音楽においてクレッシェンドやデクレッシェンドの表現が多種多様であるのと同じように、その拡張収縮の動きは多様でありえます。実際、個々の植物を見ますと、それぞれが違った拡張収縮の動きを示すことがわかります。たとえばある植物種では、拡張は非常に抑えられ収縮が際立っていて、その傾向が葉列の変化や花の形態などに一貫して現われるのです。こうした「植物種に固有の内的な拡張収縮の動き」は、DNA と似た役割を果たしていると言えるかもしれません。植物種としての統一性の基になるからです。ただし、DNA 配列は人間には体験不可能であるのに対し、こうした内的な拡張収縮の動きはまさに人間において体験され、認識されます。その意味でこの固有な拡張収縮の動きは、人間にとって体験可能な、個々の植物の内的なロゴス（論理）と言えるでしょう。そして、本質であるそうした内的ロゴスを表現するための必要不可欠な物質的条件が DNA なのです。そうした固有な動きと植物種の関係を、サルスベリを例にご紹介いたします。

■ サルスベリの観察

サルスベリは街路樹としてもよく見かけますので、ご存知ない人は少ないでしょう。7 月下旬から 9 月下旬まで、百日紅という名にふさわしく、主にピンクの花を延々と咲かせ続けます。また、樹皮が剥がれ、木登りが得意な猿ですら滑るということからサルスベリの名があります。その姿を知っている人でしたら、一瞥してそれがサルスベリであるとわかるでしょう。しかし、サルスベリをよく観察する人は多くはありません。そのサルスベリを意識的に見ますと、その花びら一枚ですら非常に興味深い形をしていることがわかります。ここでもまた、個別な諸部分を詳しく観察することから始めて、それをしだいにサルスベリの全体を貫く特徴へとつなげていきます。

■ サルスベリの花弁

サルスベリの 6 枚の花弁から 1 枚を取り出して観察します。すると、図のように非常に特有な形態をしています。花弁の基

部と先端では、様子がまったく違っています。基部は20mm程度の長さで、非常に細くなっています。ところが、先端付近では非常に急激に広がり、花弁は平面に留まることができず、しわを作りながら立体的になっています。この形態からは非常に明確にその拡張収縮の傾向を読み取ることができます。一方の側では収縮傾向が非常に強く、拡張傾向はまったく現われません。ところがある地点から急激に拡張相に移ります。収縮相から爆発的拡張相に移り、移行段階は見られません。このサルスベリに固有な内的な動きを知りますと、サルスベリに見られる他の現象も自ずと理解できます。

■ つぼみ

つぼみはほぼ球形でしわがあり、触ってみるとかなり硬いことがわかります。この収縮的で硬い粒から、あの繊細で爆発的拡張を示す花弁が現われます。

■ 葉の形

葉柄は非常に短いのに対し、葉身は丸く大きく広がっています。この形態にも、収縮（葉柄）から拡張（葉身）への急激な変化という動きのヴァリエーションを見ることができます。ただし、爆発の度合いは花領域に比べ、控え目です。

基部（左）から先端（右）への形態変化（塚本健一氏撮影）

■ 葉脈

縁近くでかなりしっかりと葉脈が再結合（アナストモーゼ）しています。つまり、広がっていくにしても空間内に溶け込んでいくことはなく、自分自身の領域内にとどまっていると言えます。

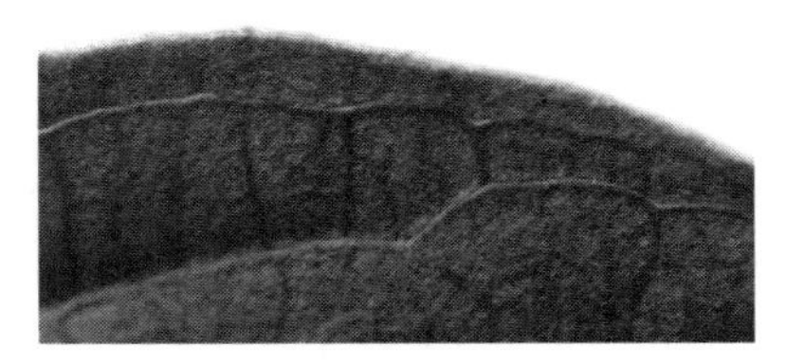

葉脈のアナストモーゼ（塚本健一氏撮影）

■ 花が付く枝

枝分かれをせずに 1m 程度まっすぐに空間内に伸び、その枝の両側に葉が密着しています。つまり、一次元的に先に伸びは

するものの、二次元的な広がりは非常に抑えられています。さらに細かく見ますと、枝から出る葉の方向は上下左右すべてがありますが、上下から出た葉も左右方向に成長し、この伸びた枝につく一連の葉は細長い平面を形成します。言い換えますと、葉の出現は三次元的ですが、並んだ結果は二次元的に収まるのです。この枝振りは収縮的と言えますし、左右への面的拡張の素振りは見られません。この枝の先には、円錐状にピンク色の花が付きます。ここで、葉の並びは平面的であるのに対し、花序は立体的ですので、二次元から三次元への広がり、つまり強い拡張の傾向が見られます。

▪ 葉と花の色彩対比

葉の表はやや暗い緑で、それが連続して続きつつ、花では緑の補色に近いピンク色に跳躍しています。これが緑から黄色、あるいは青への変化でしたら、跳躍とは呼べません。緑とピンクがほぼ補色の関係にあるので、跳躍と言えるのです。サルスベリには白などピンク以外の色の花もあります。しかし、「百日紅」の字でもわかるように、私たちが最もサルスベリらしく感じるのは、このピンクです。

▪ 幹と樹皮

幹はかなり硬く、木の肌がきめ細かいので、和室の装飾的な柱としても使われます。つまり、収縮的です。ところが、樹皮は樹から離れていくくらいに、非常に拡散的です。ここにも、極端な収縮から極端な拡張へというモチーフが見られます。

■ ここでの認識プロセス

ここでの認識プロセスを振り返ってみましょう。

1. サルスベリを統一体として知覚する。
2. 統一体をバラバラな部分に分解し、その個別部分を悟性の働きで正確に認識する。
3. できあがった形から作り上げるプロセスへと意識を上昇させることで、個別な各部分をつなげる理念的な動きを理性の力で認識する。

このようにして、ルドルフ・シュタイナーが本書の第12章「悟性と理性」で述べている認識プロセスを生命科学において実践することができます。

■《四大エレメント》と植物グループの関連

《四大エレメント》と植物には密接な関係がありますが、その中でも特にわかりやすい例をご紹介しておきます。ウリ科とナス科です。

▪《水》の植物であるウリ科、《風》の植物であるナス科

まず両グループの代表的な植物を列挙してみましょう。

ウリ科

ウリ、キュウリ、メロン、スイカ、ヘチマ、ヒョウタン、カボチャ、ゴーヤ、ズッキーニなど

ナス科

ナス、ピーマン、パプリカ、シシトウ、トウガラシ、トマト、ジャガイモ、タバコなど

次に両者の特徴を見てみましょう。

ウリ科

– ほとんどがつる性で、栽培では地上を這わせたり、支柱を立てたりする。つまり、重さを克服することなく、重

さに身をゆだね、基本的には平面的に広がっていく。

– 多くの種類で葉は大きく、面として広がっている。
– 実には多くの水分が含まれる。
– 実には水分が少ないカボチャでも、収穫の際など、茎の切り口から水が吹き出す。

ナス科

– 実には、ピーマンに代表されるように、多くの空気が含まれる。
– タバコでは、空気と密接な関係を持つ器官である葉が非常に大きく発達している。
– ニコチンなどアルカロイド系の物質を含むものも多く、それらの一部は人間の心にも作用する。

このように、ウリ科は《水》、ナス科は《風》と密接に結びつきますが、例外もあります。ウリ科ではゴーヤの実は多くの空気を含み、ナス科ではトマトが多くの水分を含みます。しかしさらに観察しますと、こうした例外は私たちの認識をさらに深めてくれます。ゴーヤの葉には多くの切れ込みがあり、その形態に拡散的な傾向、つまり《風》的傾向が見られます。またトマトでは、栽培に支柱を必要とすることからもわかるように、基本的に重さに身をまかせ、平面状に生育しますから《水》的であると言えます。つまり、ウリ科全体が《水》的であるにしろ、そこには多少の揺らぎがあり、グループ内で《風》的な種類もあるのです。同様に、基本的には《風》的であるナス科においても《水》の側に偏ったものや《火》の側に偏ったものがあると考えることができます。

■ さらなる展開の可能性

ここではサルスベリを拡張収縮の視点で考察し、ウリやナスで《四大エレメント》との関連を述べたに過ぎません。それでも、ここでの方法に若干の視点を加えることで、アントロポゾフィー的医学、薬学、農学に応用することが可能です。2014 年の夏には、アントロポゾフィー薬学を研究するグループが、西洋にはないドクダミとゲンノショウコについて、薬草学的研究を行なっています。つまり、私たちの前には、日本固有の薬草ということを考えただけでも、広大で未開拓な研究フィールドが残されているのです。そしてここでの考察は、その領域へのかすかな一歩に過ぎません。それでもこの一歩が、自然界の解明とその応用の一助となることを切に願っております。

訳者あとがき

本書は *Grundlinien einer Erkenntnistheorie der Goetheschen Weltanschauung, 7. Aufl. Dornach 1979* の全訳と解説です。原文では、各章に表題があるだけで、章内には何の見出しもありません。訳文にある中見出しは訳者が独自につけたもので、少しでも読者諸氏のお役に立てば幸いです。それでも、それらを余分に感じられる読者もいらっしゃるでしょう。そのような場合には、見出しなどは無視して、本文だけをお読みいただければ幸いです。

訳者が本書と最初に出会ったのは、原書初版から百年後の1986 年でした。その翌年からゲーテアヌムの自然科学研究コースで学んだ際に、課題図書としてマイヤー先生の指導の下で輪読していました。それと並行して、この本を翻訳中だった浅田豊氏の手書き原稿を用いて、当時ドルナッハに在住していた横山守文氏、鈴木一博氏、川手鷹彦氏、岩松里穂氏と読書会を進めたことも、当時、ドイツ語がよく理解できなかった訳者にとっては、非常に貴重な機会でした。

その後、浅田氏の翻訳が 1991 年に筑摩書房から出版されました。しかし、時の流れとともに絶版になったことを受けて、2007 年に当時のイザラ書房社主であった澁澤比呂呼氏から再出版の相談を受けました。浅田氏の翻訳に私が新たに解説を書くという企画でした。ところがそのための勉強を進めていく過程で、私の内に「訳文も時代に合ったものにしたい」という思いがしだいに強くなっていきました。そしてとうとう私の我が儘を通していただき、新訳に解説を加えた形で出版する方針に変更させていただきました。私はさっそく翻訳作業を進め、2008年夏には初訳が出来上がったものの、その後7年以上、表面的には休眠期間に入ってしまいました。訳了から8年、本書との出会いからは30年を経てようやく出版に漕ぎつけたことになります。しかし、こうした歳月も無駄ではなかったと思います。どうしても不明な点があったからです。

この本を理解すべく、訳者はそれなりに努力をしました。翻訳と並行して、各章をノートにまとめ、段落毎に抄訳を作り、さまざまな図解などをしていたのです。それでも、2014年に解説を書き始めた時点では、不明な点が一つ残っていました。まとめノートの該当箇所には(難)の文字が記されていますし、いろいろな勉強会で質問を受けても、その点については答えられずにいました。ところが、その理解できなかった一点が、2014年の父の命日にクリアになったのです。こうして翻訳と解説の両者で、相応の責任と自信を持つに到りました。ですので、本書の出版時点では、多くの時間と私の思考能力のすべてを注ぎ尽くしたこの翻訳が最高水準に達しているという自負はあります。それでも、訳者の未熟ゆえの誤りは残るでしょう。残念ながら、そのような誤りは本人にはなかなか見出せないのです。ですからそうした点につきましては、賢明なる読者諸氏のご教示や訂正をお願いするばかりです。

訳文の著作権は当面、森 章吾にあります。しかしいずれは、パブリック・ドメインに移行いたします。それによって、訳文の部分的な改変が不可避であると考える人が現われたときに、私の翻訳を土台に、全文を訳し直すことなく、新版を作ることが可能になるからです。後の世代の方々は、踏み台を上手に使ってください。より高い視点から、本書がさらに洗練されていくことを切に願っております。当然ながら私も浅田 豊氏の翻訳から多くを学び、そのおかげで本書を完成させることができました。その点につきまして、感謝の言葉もないくらいです。

京田辺シュタイナー学校父母の勉強会、岡山シュタイナー勉強会、大阪あゆみの会、アントロポゾフィー医学のための医師会での勉強会では拙い翻訳と格闘してくださり、お一人お一人のお名前を挙げることはできませんが、皆様に感謝の言葉を述べたいと思います。また、面識もない私に資料画像を快く提供してくださった塚本健一氏には、とても感謝しております。最終稿の見直しでは、Facebook 上で協力をお願いしました。すると、石原良江氏、門岡孝治氏、斎藤泰弘氏、下藤陽介氏が応募してくださり、丁寧に目を通した後に、さまざまな視点から貴重なご意見をくださいました。「自分の文章は自分では誤解できない」という法則がありますから、最後の磨き上げのために大変に大きな力となりました。さらには、本書の出版のきっかけをくださった澁澤比呂呼氏、具体的に進めて頂いたイザラ書房の村上京子氏には、深くお礼を申し上げます。

現代はインターネット上で膨大な情報が行き交っています。森 章吾も Facebook 上で「R. シュタイナーから学ぶ」というページ立ち上げ、情報を発信し、また交換しております。本書についてのご質問等も歓迎しておりますので、ご興味を持たれた方はご覧になってみてください。

最後に、一つのお願いを書かせていただきます。日本にシュタイナー教育が知られるようになって約50年の歳月が流れました。その間に、アントロポゾフィー運動も教育にとどまらず、医学、農業、芸術活動、宗教改革運動も日本国内で展開されています。しかしそこには、残念ながら停滞感や閉塞感があることも否めません。その中にあって本書はアントロポゾフィー運動の新たな土台を固める上で重要な意味を持ちます。一人ひとりが正しい認識法を身に付けることで、あらゆる分野で新たな展開が期待できるでしょう。もしも読者の皆様が、そこに未来的価値を感じるのなら、それを育てる意味でも可能な範囲で投資をしていただきたいとお願いしたいと思います。

2016年夏、森　章吾

ルドルフ・シュタイナー（Rudolf Steiner）

哲学博士。1861年旧オーストリア帝国（現クロアチア）クラルイェヴェクに生まれる。1925年スイス、ドルナッハにて死去。ウィーン工科大学で、自然科学、数学、哲学を学ぶ。1891年ロストック大学にて哲学の博士号を取得。

ウィーン時代に出会ったゲーテ学者のカール＝ユリウス・シュレーアーの推薦を受け、当時22歳だったシュタイナーは、キュルシュナー版ゲーテ全集の自然科学論文集の編集を担当した。この全五巻の論文集にはゲーテの形態学、鉱物学、地質学、気象学、光学、色彩論の論文が収められ、シュタイナーはそれぞれにまえがき、脚注、解説を書いている。さらに、ゲーテの認識方法がシュタイナー自身のそれと完全に重なることを知り、ゲーテ自身は明文化しなかった認識論を『ゲーテ的世界観の認識論要綱』としてまとめ、処女作として25歳の時に出版した。後にシュタイナーは、その後40年間、一貫してその方法論を貫いたと述べている。

その後、ゲーテ研究家、著述家、文芸雑誌編集者としてワイマール、ベルリンで活躍し、二十世紀に入って神秘思想家として活動を始めた。その後これは、二十世紀以降の人類のために、新しい精神的な世界観、人間像への道を開く精神科学であるアントロポゾフィー運動になっていく。スイス、ドルナッハに自ら設計したゲーテアーヌムを建設し、一般アントロポゾフィー協会本部とした。

現在、シュタイナーの精神科学は、学問領域にとどまらず、世界各地に広がっているシュタイナー教育（自由ヴァルドルフ学校）運動をはじめ、治療教育、医学、薬学、芸術（建築、絵画、オイリュトミー、言語造形）、農業（バイオダイナミック農法）、社会形成（社会有機体三分節化運動）、宗教革新運動（キリスト者共同体）など、さまざまな社会的実践の場で、実り豊かな展開を示している。

『ゲーテ的世界観の認識論要綱』『自由の哲学』『神智学』『いかにして高次世界を認識するか』『神秘学概論』などの主要著作のほか生涯をとおして6000回に及んだ講演は、全354巻の『ルドルフ、シュタイナー全集』に収められ、スイスのルドルフ・シュタイナー出版社より刊行されている。

訳者紹介

1953 年　　東京生まれ
1978 年　　東京大学農学部農業生物学科卒業
1978 年より 千葉県立高校、生物科教諭（7 年間）
1989 年　　シュツットガルト、シュタイナー教育教員養成・
　　　　　高学年教員クラス修了
1992 年　　ドルナッハ、自然科学研究コース修了
2006 年より 京田辺シュタイナー学校で自然科学エポック講師
2011 年より 藤野シュタイナー学園高等部で数学エポック講師
2013 年より 北海道いずみの学校高等部で自然科学エポック講師
訳書　　　『フォルメン線描』、『シュタイナー学校の数学読本』
　　　　　『シュタイナー学校の算数の時間』、『子供の叱り方』
　　　　　『音楽による人間形成』、『秘されたる人体生理』
論文　　　『人体骨格におけるレムニスカート構造』（独文）
　　　　　『理念としての原植物』、『モルフォロギー…魚類の考察』
　　　　　『ゲーテ形態学の方法が示す龍安寺石庭の意味』
Facebook　「R. シュタイナーから学ぶ」を開設

ゲーテ的世界観の認識論要綱

2016 年 8 月 23 日　　初版第一刷
著者／訳者　　ルドルフ・シュタイナー／森　章吾
カバー・デザイン 向井宏志
発行者　　村上京子
発行所　　株式会社 イザラ書房
　　　　　埼玉県児玉郡上里町神保原 569 番地 〒369-0305
　　　　　http://www.izara.co.jp　　mail@izara.co.jp
電話　　　0495-33-9216, FAX 047-751-9226
郵便振替　00100-8-148025
印刷　　　株式会社シナノパブリッシングプレス
ISBN　　　978-4-7565-0132-5　C0010

天使学シリーズ 1　天使と人間

シュタイナー講演録／松浦賢 訳

高次の霊的存在を考慮しない世界観は、まったく現実的ではない。唯物論的思考から天使的ヴィジョンへと、新しい意識が目覚めるために、天使の本質を詳細に考察。　定価 2,330 円＋税／四六判 216p 上製／ ISBN 4-7565-0062-5

天使学シリーズ 2　魂の同伴者たち スピリチュアル・コンパニオンズ

アダム・ビトルストン著／大竹敬 訳

教育家でキリスト者共同体司祭の著者が、シュタイナー天使学を基礎として、天使たちと神的存在の位階のすべてを優しく格調高い筆致で描き上げた感動的名作です。　定価2,330円＋税／四六判258p上製／ISBN 4-7565-0063-3

天使学シリーズ 3　悪の秘儀 アーリマンとルシファー

シュタイナー講演録／松浦賢 訳

天使の働きを妨げ、キリストと対峙し、人類を脅かす「悪の存在」とはなにか。堕天使ルシファーと、唯物論の悪魔とも呼ばれ恐れられていたアーリマンの悪の力を解説。　定価 2,330 円＋税／四六判 232p 上製／ ISBN 4-7565-0065-X

使学シリーズ 4　天使が私に触れるとき

ダン・リントホルム著／松浦賢 訳

あなたは自分の守護天使に逢ったことがありますか？　本書は天使体験談の集大成です。一切の虚飾や誇張を排した、身近に感じられる実話ばかりを収めています。
定価 2,330 円＋税／四六判 226p 上製／ ISBN 4-7565-0066-8

カルマ論集成 1 +2　いかにして前世を認識するか [新装版]

シュタイナー講演録／西川隆範 訳

人間の運命を規定する不思議なカルマの法則。前半 1 部はシュタイナー独特の輪廻転生思想概論。2 部『カルマの開示』は自然現象や男女、病気や事故等の具体的事例。　定価 4,200 円＋税／四六判 480　p 上製／ ISBN 978-4-7565-0109-7

カルマ論集成 3　カルマの形成 [改訂版]

シュタイナー講演録／西川隆範 訳

輪廻転生を生じさせるカルマ的諸力はどのように形成され、個人の運命はいかにして決定されるのでしょうか。シューベルトや哲学者ニーチェなどの前世にも例をとりました。　定価 2,400 円＋税／四六判 288p 上製／ ISBN978- 4-7565-0113-4

カルマ論集成4　歴史の中のカルマ的関連

シュタイナー講演録／西川隆範 訳

前刊の『カルマの形成』に引き続き、マルクス、エンゲルス、グリムなどの歴史上の人物に焦点をあて、彼らの人生がいかなる来世を用意するのか読み解きます。

定価 2,330 円＋税／四六判 208p 上製／ ISBN 4-7565-0060-9

カルマ論集成5 宇宙のカルマ

シュタイナー講演録／松浦賢 訳

太陽系宇宙に住む人間および人間以外の霊的存在とは？　七年周期で発展していく人間の一生と霊的宇宙の関係は何か。シュタイナー神秘学の最高峰、ここに完結です。　定価 2,816 円＋税／四六判 288p 上製／ ISBN 978-4-7565-0067-0

秘されたる人体生理　シュタイナー医学の原点

シュタイナー講演録／森章吾訳修

シュタイナーのアントロポゾフィー身体論。精神科学的観点から人体を観察した成果をシュタイナー自身、初めて系統的に語っている。シュタイナー医学の基本指針でもある。　定価 3,000 円 + 税／四六判 224 上製／ IISBN978-4-7565-0121-9

シュタイナー〈からだの不思議〉を語る

シュタイナー講演録／西川隆範 編訳・中谷三恵子 監修・有川利喜子 協力

ここに展開される一見摩訶不思議な身体観はアントロポゾフィー医学者のみならずさまざまな立場の治療者に共有されつつあり未来へ向けての治療方法を示唆するものです。　定価 2,400 円＋税／四六判 208p 上製／ ISBN 978-4-7565-0114-1

シュタイナー・音楽療法

カロリン・フィッサー 著／楠　カトリン 訳／竹田喜代子 監修

日本初の人智学を基盤とした音楽療法の書。響きの持つ調和させる力で人間の最も中心にある自我を強め、自己治癒力を養うことを手助けするために。巻末譜例集付　定価 4,000 円 + 税／ A 5 判 256p 上製　ISBN978-4-7565-0126-4

シュタイナー・リズミカル アインライブング

イタ・ヴェーグマン・クリニックのハンドブックより

モニカ・フィンガドー著／伊藤良子・壽浩 訳

日本初の人智学を基盤としたオイルマッサージの書。宇宙と響き合う体内リズムや新陳代謝に働きかけることを基本とし、心身を守る覆いをつくり調和を整える技法の紹介。　定価 2,600 円 + 税／ A 5 判 160p 上製　ISBN978-4-7565-0131-8

シュタイナー教育［新訂版］

C.クラウダー・M.ローソン 著／遠藤孝夫 訳

シュタイナー教育の全体像を極めて簡潔に、しかも分かりやすく説明しておりシュタイナー入門書としては最適な書。後半ではこの教育の現代的な意味が明らかになります。　定価 2,300 円＋税／ A5 判 192p 並製／ ISBN978-4-7565-0128-8

“シュタイナー”『自由の哲学』入門

今井重孝 著

シュタイナー思想を理解するための必読書であり、人間が生きる指針として重要な『自由の哲学』。同書を解説した初めての書です。著者解説が充実しています。

定価2,000円＋税／四六判128ｐ並製／ISBN978-4-7565-0119-6

ベーシック・シュタイナー　人智学エッセンス

シュタイナー著作&講演抄録／西川隆範 編訳・解説／渋沢比呂呼 撰述

魂の不思議さ、人間であることの素晴らしさを感じ、スピリチュアルな世界を求める人のための入門書であり、経験者の知識整理のためにも便利なハンドブックです。　定価 2,300 円＋税／四六判 208p 上製／ ISBN 978-4-7565-0106-6

魂のこよみ［新訳］

シュタイナー 著／秦理絵子 訳

復活祭から始まる 52 週の週替りマントラ・カレンダー。時の神霊に意識を向け、宇宙に祈りを捧げることで、巡る季節のダイナミズムを心の糧とするための聖句集です。　定価 1,600 円＋税／新書判 124p 並製／ ISBN 978-4-7565-0094-3

瞑想と祈りの言葉［新版］

シュタイナー 著／西川隆範 編訳

夜の神聖さを宇宙と一体になって感じ、毎朝新しくされる太陽を地球と共に喜ぶためのマントラ・真言集。巻末に「西川さんへ」追悼文集付、西川隆範トリビュートの新版。　定価 2,800 円 + 税／四六版 272 ｐ上製／ ISBN978-4-7565-0124-0

音楽の本質と人間の音体験

シュタイナー講演録／西川隆範 訳

独特の未来的「音＆音楽論」。色彩はアストラル体に語りかけ、音の世界は人間の最奥部の魂に語りかけます。地上の音楽は神界の響きの影といえましょう。

定価 2,330 円＋税／四六判 176p 上製／ ISBN4-7565-0051-X